中　国　工　会　创　新　工　作　法

“六有”工作法

企业产业工人队伍建设改革的标准化战略

常州市总工会———编著

中国工人出版社

中国工会创新工作法
丛书编委会

“六有”工作法：
企业产业工人队伍建设改革的标准化战略
编委会

主　任： 方国强

副主任： 张小军　宣建强

成　员： 刘　瑛　何理华　朱　赤

出版说明

改革创新是时代发展的最强音，也是工运事业蓬勃发展的不竭动力。习近平总书记高度重视工会改革创新，强调要继续深化工会改革和建设，牢固树立大抓基层的鲜明导向，夯实基层基础，激发基层活力，不断增强基层工会的引领力、组织力、服务力。

为深入学习宣传贯彻习近平总书记重要讲话精神，推动中国工会十八大部署落地落实，促进工会工作品牌化和创新化建设，中华全国总工会策划出版“中国工会创新工作法”丛书，推出一批反映工会工作创新的典型工作法，提炼可复制、可推广的工会改革创新经典案例，集中展示中国工会改革创新实践。

从书收入的工会创新工作法，是各级工会坚持问题导向、目标导向，加强工会工作理念创新和方式方法创新的优秀代表。提炼这些工会创新工作法，既是工会组织将经过实践检验的工作经验提升到方法论层面的有益尝试，也可以为其他领域工作开展提供经验参考，推动各级工会进一步加强实践创新、理论创新和制度创新，不断绘就中国工会改革创新的新图景。

在出版丛书的同时，中国工人出版社还运用数字化手段，配套开发了工作法视频课程，开辟了线上学习专区，借助学习平台促进工会创新工作法直达广大工会干部。希望丛书的出版能为工会工作创新搭建一个交流平台，促进更多工会创新工作法的产生，共同推动工会工作高质量发展。

目录

引　言

产业工人队伍建设改革是习近平总书记亲自谋划、亲自部署、亲自推动的一项重大改革任务，事关党的执政基础巩固、事关制造强国战略实施、事关产业工人素质提高，是全面深化改革的重要内容。

常州市委、市政府高度重视产业工人队伍建设改革，于 2019 年 8 月建立了由市委分管领导担任召集人的产改联席会议制度，同年 12 月出台《新时代常州产业工人队伍建设改革实施方案》，将产业工人队伍建设改革融入发展大局，努力打造更符合时代要求、更契合发展需要、更具有常州特点的知识型、技能型、创新型产业工人大军。

为了更好地发挥企业推进产改的主体作用，

打通产改的“最后一公里”，常州市总工会创造性地提出了“六有”工作法，要求各试点企业在产改推进的过程中既要结合自身产业特点和企业特色，又要标准化、规范化推进产改试点工作，做到有组织领导机构、有产改实施方案、有年度任务清单、有思想引领举措、有技能提升体系、有维权服务制度，并对“六有”的具体内容进行了细化，从而逐步形成“一企一策一特色”的产改试点工作格局。“六有”工作法强调企业推进产改的顶层设计，突出企业实施产改的工作重点，引导企业探索深化产改的实践创新，具有较强的指导性、实效性与示范性。下一步，常州市总工会将继续深入贯彻党中央关于产业工人队伍建设改革的部署要求，进一步强化责任担当、创新方式方法，持续推动产业工人队伍建设改革走深走实。

第一章

总体要求与目标任务

产业工人在经济社会发展中发挥着极其重要的作用，是推动我国从“制造大国”向“智造强国”转变的主力军。我国产业工人无论在社会物质财富创造方面还是在经济技术创新驱动方面都是中流砥柱，是不可或缺的关键与基础。

2017 年 4 月，中共中央、国务院印发《新时期产业工人队伍建设改革方案》（以下简称《改革方案》），一场事关党的执政基础巩固、事关制造强国战略实施、事关产业工人素质提高的重大改革就此拉开序幕。《改革方案》明确提出要把产业工人队伍建设作为实施科教兴国战略、人才强国战略、创新驱动发展战略的重要支撑和基础保障，把产业工人队伍建设纳入国家和地方经济社会发展规划，要求按照“政治上保证、制度上落实、素质上提高、权益上维护”的总体思路进行改革，造就一支有理想守信念、懂技术会创新、敢担当讲奉献的宏大产业工人队伍。

根据中共中央、国务院印发的《改革方案》

和江苏省委、省政府印发的《新时代江苏产业工人队伍建设改革实施方案》，结合常州市实际情况，2019 年 12 月，常州市委、市政府印发《新时代常州产业工人队伍建设改革实施方案》（以下简称《常州实施方案》），提出进一步改革不适应产业工人队伍建设要求的体制机制，充分调动广大产业工人的积极性、主动性、创造性，更好发挥产业工人的主力军作用，为推动常州高质量发展走在前列提供有力支撑。其主要措施包括：提升产业工人政治地位、健全产业工人技能发展体系、维护和保障产业工人合法权益、强化产业工人队伍建设保障机制、协同推进产业工人队伍建设等五个方面。

推进产业工人队伍建设改革，是以习近平同志为核心的党中央着眼于巩固党的执政基础、实施制造强国战略、全面提高产业工人素质作出的重大决策部署，具有非常重要的意义。

一、落实顶层设计的重要实践

产业工人队伍建设改革是党和国家具有战略性、全局性的重要部署，是全面深化改革的重要内容。习近平总书记从民族复兴的立场出发，对产业工人队伍建设问题给予了极大的关注，为产业工人队伍建设改革工作指明了方向，为解决困难和问题提供了思路，从理论和实践两个层面保障了改革的质量和效果。

习近平总书记多次强调，当今世界，综合国力的竞争归根到底是人才的竞争、劳动者素质的竞争。自 2017 年 2 月 6 日，中央全面深化改革领导小组第三十二次会议审议通过《改革方案》后，习近平总书记在许多会议和场合都提及产业工人队伍建设改革，并强调其重要性。

2018 年 10 月，习近平总书记在同中华全国总工会新一届领导班子成员集体谈话时强调，党中央、国务院出台了《新时期产业工人队伍建设改革方案》，这是党和国家一项具有战略性、全局性的重大决策部署。工会要牵头抓好贯彻落实，引导广大产业工人勤于钻研技术，练就过硬本领，加快建设一支宏大的知识型、技能型、创新型产业工人大军。2019 年 9 月，习近平总书记对我国技能选手在第 45 届世界技能大赛上取得佳绩作出重要指示时强调，要健全技能人才培养、使用、评价、激励制度，大力发展技工教育，大规模开展职业技能培训，加快培养大批高素质劳动者和技术技能人才。2020 年 11 月，习近平总书记在全国劳动模范和先进工作者表彰大会上的讲话中强调，要推进产业工人队伍建设改革，落实产业工人思想引领、建功立业、素质提升、地位提高、队伍壮大等改革措施，造就一支有理想守信念、懂技术会创新、敢担当讲奉献的宏大产业工人队伍。2020 年 12 月，习近平总书记在致首届全国职业技能大赛的贺信中强调，各级党委和政府要高度重视技能人才工作，大力弘扬劳模精神、劳动精神、工匠精神，激励更多劳动者特别是青年一代走技能成才、技能报国之路，培养更多高技能人才和大国工匠，为全面建设社会主义现代化国家提供有力人才保障。2021 年 4 月，习近平总书记对职业教育工作作出重要指示时强调，加快构建现代职业教育体系，培养更多高素质技术技能人才、能工巧匠、大国工匠。各级党委和政府要加大制度创新、政策供给、投入力度，弘扬工匠精神，提高技术技能人才社会地位，为全面建设社会主义现代化国家、实现中华民族伟大复兴的中国梦提供有力人才和技能支撑。2022 年 4 月，习近平总书记在致首届大国工匠创新交流大会的贺信中强调，各级党委和政府要深化产业工人队伍建设改革，重视发挥技术工人队伍作用，使他们的创新才智充分涌流。2022 年 10 月，习近平总书记在党的二十大报告中强调，加快建设国家战略人才力量，努力培养造就更多大师、战略科学家、一流科技领军人才和创新团队、青年科技人才、卓越工程师、大国工匠、高技能人才。2023 年 10 月，习近平总书记在同中华全国总工会新一届领导班子成员集体谈话时指出，要围绕深入实施科教兴国战略、人才强国战略、创新驱动发展战略，深化产业工人队伍建设改革，加快建设一支知识型、技能型、创新型产业工人大军，培养造就更多大国工匠和高技能人才。

习近平总书记关于产业工人队伍建设改革的重要指示精神，站在党和国家工作全局的战略高度，深刻回答了推进产业工人队伍建设改革中一系列重大理论和实践问题，指明了新时代产业工人队伍的历史使命和责任担当。推进产业工人队伍建设改革是学习贯彻习近平新时代中国特色社会主义思想主题教育走深走实的重要体现。常州作为经济发达的长三角地区重要城市，与党和国家的使命紧密相连，同国家安全和发展利益紧密相关，必须坚定不移地推进产业工人队伍建设改革。

二、推动高质量发展的必由之路

党的二十大报告指出，坚持把发展经济的着力点放在实体经济上，推进新型工业化，加快建设制造强国、质量强国、航天强国、交通强国、网络强国、数字中国。实体经济是人类社会赖以生存和发展的基础，工业特别是制造业是实体经济的重要组成部分。大力发展以先进制造业为核心的实体经济，可以降低资产价格泡沫化，有助于抵御金融风险，是一个国家和地区赢得国际经济竞争主动权的重要抓手。

一方面，实体经济的发展需要一支知识型、技能型、创新型的高素质产业工人大军，劳动者素质和技能的提升对于先进制造业的发展至关重要；另一方面，高技能产业工人队伍的形成无一例外都是依赖稳定和长期的劳动关系，只有形成长期雇佣关系，劳动者才有充足时间进行技能钻研和提升，企业才有充分意愿进行培训和人力资本提升，中国制造业才能有真正的强盛基础。

常州是我国近代民族工商业的发祥地之一，改革开放以后，常州和兄弟城市一道创造了经济发展的苏南模式。作为中国现代工商业重镇，常州历来把工业作为立市之本，在 20 世纪 80 年代就赢得了工业明星城市的美誉。近年来，常州在推进经济结构调整和产业转型升级方面成果显著，整个城市进入后工业化时代。

在强国建设、民族复兴的新征程上，常州迎来了新一轮发展的机遇期。站在新一轮的发展风口，常州牢牢抓住国家构建自主可控现代产业体系、人才加速向长三角流动、区位优势进一步凸显、城市竞争回归产业赛道等机遇优势，经济总量和规模即将完成历史性的跨越。2023 年，常州市将全面贯彻落实党的二十大精神和中央经济工作会议部署要求，坚持稳中求进工作总基调，完整、准确、全面贯彻新发展理念，紧扣“国际化智造名城、长三角中轴枢纽”城市定位，深入推进“532”发展战略（即加快建设长三角交通中轴、创新中轴、产业中轴、生态中轴、文旅中轴，高标准打造长三角产业科技创新中心、现代物流中心、休闲度假中心，不断提升城乡融合发展示范区、统筹发展和安全示范区建设水平），大力建设“两湖”创新区，加快打造新能源之都，迈入“GDP 万亿之城”，奋力书写好中国式现代化的常州答卷。

产业工人是创造社会财富的中坚力量，是创新驱动发展的骨干力量，是实施制造强国战略的有生力量，在加快产业转型升级、推动技术创新、提高企业竞争力等方面具有基础性作用。常州“532”发展战略和新能源之都建设大局，迫切需要一支更加符合时代要求，契合发展需求，更具地方特点的知识型、技能型、创新型产业工人大军。这就要求常州必须持续推进产业工人队伍建设改革，聚焦产业发展战略和城市人才聚集，为加快高水平科技自立自强、实现高质量发展提供强大的人才支撑。

三、保障和改善民生的内在要求

习近平总书记指出，自成立以来，我们党团结带领人民进行革命、建设、改革，根本目的就是为了让人民过上好日子，无论面临多大挑战和压力，无论付出多大牺牲和代价，这一点都始终不渝、毫不动摇。这说明，一切工作的出发点和落脚点就是要实现好、维护好、发展好最广大人民的根本利益，推动经济社会发展，归根结底是为了不断满足人民群众对美好生活的需要。

常州全面实施“532”发展战略，全力打造新能源之都，不仅要依靠产业工人，还要让广大产业工人共享改革发展成果。职工群众对美好生活的需要日益广泛，从满足基本生活需要向提升生活品质转变，从满足物质性需求向体面劳动、实现自我价值等社会性、精神性需求转变。在常州，大量年轻劳动者、新生代农民工、高智能人才涌向生产一线，依托互联网平台的新就业形态不断壮大，新就业群体已成为产业工人的新生力量。但产业工人整体收入不高、职业发展通道不畅、职业荣誉感不强、劳动权益保障有待提高等问题还亟须解决。只有解决好产业工人最关心最直接最现实的利益问题，才能激发产业工人队伍的内生动力，激励各行各业的产业工人争做新时代的奋斗者。因此，必须不断适应新的生产方式、产业形态、商业模式，深化产业工人队伍建设改革，在推动问题破解上下更多功夫。要提高政治地位、社会地位，让产业工人增强荣誉感、自豪感；要改善经济待遇，实现多劳者多得、技高者多得、贡献大者多得；要搭建核心技能培训平台、职业形象展示平台、优秀人才激励平台，畅通产业工人发展通道；要依法保障产业工人基本权益，健全劳动关系协调机制，健全劳动关系矛盾调处机制，构建和谐稳定的劳动关系；等等。推进产业工人队伍建设改革就是始终把产业工人的安危冷暖放在心上，坚持全心全意依靠工人阶级的方针，着力践行以人民为中心的发展思想，不断增强产业工人的获得感、幸福感、安全感。

四、维护社会和谐稳定的现实需要

劳动关系是生产关系的重要组成部分，是最

基本、最重要的社会关系之一。劳动关系是否和谐，事关广大职工和企业的切身利益，事关经济发展与社会和谐。党和国家历来高度重视构建和谐劳动关系，制定了一系列法律法规和政策措施并作出工作部署。各级党委和政府认真贯彻落实党中央和国务院的决策部署，取得了积极成效。当前，我国劳动关系总体和谐稳定，但也面临着一些新形势新问题。

一是产业结构转型升级对劳动关系带来的影响。构建新发展格局关键在于建设现代化的经济体系，这就需要进一步加大产业转型升级力度，深化供给侧结构性改革。随着经济从高速增长转为高质量发展，结构调整和转型升级加快推进，企业搬迁、兼并、重组等情况随之增加，劳动关系的稳定性必然受到影响。部分行业企业可能会出现经营困难，改善劳动条件、提升职工工资的能力有待提高，直接影响职工权益的维护。

二是新就业形态涌现带来的新问题。近年来，随着数字经济的快速发展，新产业、新业态、新模式竞相迸发，以服务业为主的互联网平台成为吸纳就业、防范失业的“蓄水池”，在

“三新”经济领域就业的劳动者数量持续增加。根据全国总工会发布的第九次全国职工队伍状况调查的数据，目前全国职工总数约4.02亿人，新就业形态劳动者8400万人。由此可见，新就业形态劳动者已经成为职工队伍的重要组成部分。新就业形态在缓解结构性就业矛盾、促进多渠道灵活就业的同时，也带来劳动关系有待明晰、工资收入有待稳定、社会保障还需充分等难题。

三是国际环境对劳动领域带来的影响。经过40多年的改革开放，我国与世界经济已经深度融合。改革开放既是动力，也是资源，同时也增加了影响我国劳动关系和谐稳定的诸多因素。随着我国对外开放的力度进一步加大，来自外部的包括市场动荡、价格起伏、关税制裁、价格战、贸易战等不确定因素对我国劳动关系的影响较大。近年来，世界经济陷入持续低迷，国际经济大循环动能弱化。西方主要国家贸易保护主义抬头，经济全球化遭遇逆流，全球产业链、供应链面临重大冲击，风险加大。企业发展面临越来越多的不可控因素，会对劳动关系和谐稳定带来影响。

根据中共中央、国务院印发的《关于构建和谐劳动关系的意见》，构建和谐劳动关系的工作原则是坚持以人为本、坚持依法构建、坚持共建共享、坚持改革创新，目标任务是加强调整劳动关系的法律、体制、制度、机制和能力建设，加快健全党委领导、政府负责、社会协同、企业和职工参与、法治保障的工作体制，加快形成源头治理、动态管理、应急处置相结合的工作机制，实现劳动用工更加规范，职工工资合理增长，劳动条件不断改善，职工安全健康得到切实保障，社会保险全面覆盖，人文关怀日益加强，有效预防和化解劳动关系矛盾，建立规范有序、公正合理、互利共赢、和谐稳定的劳动关系。

构建和谐劳动关系，要依法保障职工基本权益、健全劳动关系协调机制、加强企业民主管理制度建设、健全劳动关系矛盾调处机制、营造劳资和谐的社会环境，这些内容正是产业工人队伍建设改革的题中之义。因此，必须从事关统筹发展和安全，坚决维护劳动领域政治安全、维护社会和谐稳定的高度，充分认识推进产业工人队伍建设改革的重要性，不断深化产业工人队伍建设改革。

自党中央作出产改工作部署后，全国各地各单位迅速贯彻落实，各级工会主动担当作为，推动产改工作取得阶段性成效。常州市总工会作为全市产改工作的牵头单位，深度谋划、精心部署，从 2019 年至今，不断在理论和实践上探索，取得了较多的创新成果，其中“六有”工作法作为指导试点企业开展产改的标准化战略具有典型的示范意义。

第二章

产改工作的主要成绩

常州市深入贯彻落实党中央关于产业工人队伍建设改革的行动部署，于 2019 年 8 月建立了新时代常州产业工人队伍建设改革联席会议制度，同年 12 月出台《常州实施方案》，将产业工人队伍建设改革融入发展大局，努力打造更符合时代要求、更契合发展需要、更具有常州特点的知识型、技能型、创新型产业工人大军，产业工人队伍建设改革的星星之火在全市上下同心的推动下渐渐呈现燎原之势，走出了一条从试点先行到纵深推进的改革之路。

城市竞争归根结底是人才的竞争，是劳动者素质的比拼。近年来，常州市大力实施“技能龙城”建设行动计划，紧密围绕先进制造业、现代服务业和战略性新兴产业，产业工人队伍建设改革取得了显著成绩，为常州经济发展提供了坚强的人才保障，涌现了以中华技能大奖获得者邓建军、张忠以及世界技能大赛阿尔伯特大奖获得者宋彪为代表的一批国内外知名高技能领军人才。

截至2023年底，常州市拥有中华技能大奖获得者2人，全国技术能手44人，国家级技能大师工作室6家；大国工匠1人，首届长三角大工匠1人，江苏大工匠7人。常州持续深化产业工人队伍建设改革所营造的高技能产业工人优势，为常州新能源之都建设、迈入“GDP万亿之城”提供了坚实基础。

一、加强思想引领力度

（一）加强理想信念教育

用习近平新时代中国特色社会主义思想武装产业工人，推动习近平新时代中国特色社会主义思想和党的二十大精神进企业、进班组、进车间、进工地。命名首批常州市职工思想政治教育基地10个，大力弘扬劳模精神、劳动精神、工匠精神，引领团结产业工人坚定不移听党话、跟党走。鼓舞产业工人沿着民族复兴的康庄大道勇毅前行，向着全面建成社会主义现代化强国的光明未来砥砺奋进。例如，常州华利达服装集团有限公司提出“信仰最重要”、“梦想最闪亮”、“劳动最光荣”、“创新最美丽”、“奋斗最幸福”

五大理念，对全体党员、职工开展思想教育，让企业理念的正能量成为助推企业稳步发展的不竭动力。

（二）强化创新组织建设

常州市完善党建、工建、产改一体推进长效机制，开展劳模支部“双创双提升”工程，开展非公企业党建带工建“三创争两提升”活动，加大在产业工人中发展党员力度，发挥产业工人党员的先锋模范作用，不断增强产业工人先进性。例如，中车戚墅堰机车车辆工艺研究所有限公司创新建立班组党员“指导员”制度，开设“廉政流动课堂”，大力吸纳优秀员工向党组织靠拢，将党建工作的“触角”延伸到生产一线，全面消除无党员班组，实现班班有党员。坚持用微讲堂、微视频、微故事、微党课等形式，强化思想政治工作进班组。在劳模、大师工作室成立党支部，把每位党员在科研攻关、思想学习、党建活动等方面取得的成果一一展示，在充分发挥榜样作用的同时，更有利于工作室成员相互监督、对标学习，形成“比学赶帮超”的良性竞争氛围，激发支部党员干事创业的激情。

（三）创新思政工作方法

常州市总工会开设“主席课堂”、“劳模课堂”、“指尖课堂”、“流动课堂”、“实践课堂”等形式多样、职工易于接受的学习研讨、专题培训、宣传宣讲，深入职工群众释疑解惑、回应关切、解决问题，推动党的创新理论走近职工身边、走进职工心里。通过职工演讲、主题阅读、知识竞赛、文艺展演等多种形式，引导产业工人深刻领悟“两个确立”的决定性意义，增强“四个意识”、坚定“四个自信”、做到“两个维护”。组建劳模工匠和思政教师讲师团，开展“劳模工匠进校园、思政教师进企业”和“班前十分钟，车间话奋斗”活动，传授新技能、宣讲新思想、激发新动力，把职工思想政治工作做到企业、车间、班组一线。加强网络思想政治工作，走好网上群众路线，深入开展“网聚职工正能量 争做中国好网民”主题活动，做好职工网上思想引领和舆论引导工作，打造职工清朗网络空间。

（四）营造良好舆论氛围

常州市大力弘扬劳模精神、劳动精神、工匠精神，在《常州日报》开设“建功‘532’产改在行动”宣传专栏，在《工人日报》、《新华日报》等主流媒体加大对产业工人队伍建设改革工作和新时代产业工人先进事迹的宣传力度，“劳动光荣、技能宝贵、创造伟大”的理念进一步深入人心。例如，中车常州车辆有限公司成立了江苏企业首创、常州市首个以弘扬劳模工匠精神、展示劳模工匠风采、传承劳模工匠技艺为核心的劳模工匠传习馆。通过开展劳模工匠“大讲堂”、“传艺课堂”、“故事大家讲”等职工喜闻乐见的宣传、教育、文化活动，让劳模工匠的形象鲜活起来，让劳模文化、工匠文化在创新和传承中绽放新的光芒。中车常州车辆有限公司弘扬劳模工匠文化，建立劳模工匠传习馆等工作被表彰为江苏省党建带工建典型案例，《工人日报》、人民网等 30 余个新闻媒体和网络平台对此进行报道，在展现公司优秀产业工人形象的同时，也切实提高了企业的社会影响和文化地位。

二、丰富建功立业平台

（一）产教融合助力人才辈出

2021 年，常州市入选全国首批、江苏省唯一的国家产教融合试点城市。自此，常州市锚定《国家产教融合建设试点实施方案》、《常州市建设国家产教融合型城市试点方案》明确的重点任务，充分发挥科教人才和产业厚实的双重优势，集聚全市资源、激发各方活力，深入推进国家产教融合试点城市建设工作，在产教融合平台载体建设、高技能人才培养、职业教育高质量发展等方面取得了显著的阶段性成效，为全市经济社会发展提供了强劲动力。高水平职业教育再上新台阶，出台关于苏锡常职业教育改革创新高质量发展的常州行动方案，全力打造苏锡常职业教育改革创新高质量发展样板城市，常州市成为江苏省内唯一在职业教育上形成中专、大专、本科和硕士金字塔形人才培养体系的城市。高层次人才队伍建设成果丰硕，截至 2023 年底，常州每万名劳动者中高技能人才数量已达 1380 人，连续 10 年位居江苏省第一。

（二）劳模（工匠）创新工作室硕果累累

常州市倡导和弘扬工匠精神，把严谨、耐心、专注、坚持、敬业等优秀品质，内化为职工的追求与素质，将工匠精神从个人优秀品质转化为破解发展难题的“金钥匙”，为推动产业工人队伍建设改革提供强大动力。为进一步塑造和弘扬新时代劳模精神、劳动精神、工匠精神，切实增加优质人才、工艺、技术、标准、品牌、服务有效供给，常州市总工会以劳模创新引领职工创新，大力加强劳模（工匠）创新工作室建设，全市累计创建市级以上劳模创新工作室259家，其中全国示范性劳模和工匠人才创新工作室3家，长三角地区劳模工匠创新工作室4家，省示范性劳模创新工作室16家，常州市示范性劳模（工匠）创新工作室60家，共取得发明专利711项，实用新型专利1589项，完成技术攻关1643项，创新成果转化1759项，产生经济效益98.14亿元，走出了邓建军、刘云清等一批创新型劳动模范、大国工匠。常州市劳模（工匠）创新工作室系列品牌培训课程在全国产业工人学习社区平台上线，劳模（工匠）创新工作室常州品牌在全国推广。

（三）创新创业平台激发企业活力

为深入实施创新驱动发展战略，厚植产业工人学习进步、磨炼技艺、技术攻关的沃土，常州市的众多试点企业结合不同岗位特点，突破传统发展成长平台，以增强职工创新创业意识和实践能力为出发点，在企业内部营造良好的创新氛围，积极支持产业工人开展创新工作。例如，常州市建筑科学研究院集团股份有限公司设立“突出贡献奖项目基金”、“青年创新创业基金”、“研发创新基金”，鼓励广大职工申报创新创业项目，让好的想法说出来，好的想法能实现。截至 2022 年 10 月，常州市建筑科学研究院集团股份有限公司各单位申报突出贡献奖 60 余项，申报青年创业创新项目 20 余项，科研项目百余项，各类项目奖励资助金额从 2 万元至 100 万元不等。

（四）激励机制构建利益共同体

2018 年以来，常州市总工会在全国率先试点推行职工技术创新专项集体合同，探索建立以创新激励为导向的薪酬分配制度，推动职工方与企业方约定按技能要素、创新成果和贡献大小参与分配的办法，采取协议薪酬、持股分红等方式，推行协议工资、项目工资，探索对技艺高超、解决关键技术难题的工匠人才实行年薪制，实行个人收入与企业贡献挂钩，实现技高者多得、多劳者多得。经过 4 年多的试点，常州市已有 182 家企业签订职工技术创新专项集体合同，覆盖超过 11 万名职工，累计创造经济效益 3.06 亿元。常州市总工会职工技术创新专项集体合同案例入选全国优秀集体协商案例，合同参考文本被江苏省总工会转发推广，写入江苏省委办公厅、省政府办公厅印发的《关于提高技术工人待遇的实施意见》以及《江苏省集体协商条例》。例如，常州千红生化制药股份有限公司上市以来，进行了 3 次股权激励员工持股计划，对 200 多名技术、管理、科研骨干，以及一线优秀员工、技术工匠等实施股权激励，真正把产业工人利益与企业利益高度融合，践行“共同发展、共同富裕”的核心价值观。

三、提升技术技能水平

（一）构建职业教育培训体系

常州市建立了职业教育工作联席会议制度，深化职业教育和培训体制机制改革，推动形成政府统筹、部门协同，行业、企业、院校、社会力量共同参与的职业教育和培训工作格局。根据企业和职工实际需求，充分利用现有的教育培训资源，建立覆盖广泛、形式多样的运作规范，行业、企业、院校、社会力量共同参与的职业教育培训体系，培养企业急需的科研人员、技术技能人才与复合型人才，促进学历与非学历教育纵向衔接连通、横向互通互认，搭建产业工人教育培训“立交桥”。坚持打造没有围墙的工会大学校，依托企业培训中心、产教融合实训基地、高技能人才培训基地、公共实训基地等建立产业工人职业技能培训基地，打造综合型工匠学院和职工学堂，累计培训产业工人 1800 余人。持续推进“求学圆梦”行动，为 15257 名职工提供学历提升助学金 1431.4 万元，特别聚焦新就业形态劳动群体，与常州市邮政管理局、常州工学院合作，为 37 名“快递小哥”开设专班，量身打造《快递服务规范与礼仪》、《快递员职业道德与法规》等特色课程，为快递、货运等行业从业人员提升职业素养和能力提供平台与保障。例如，常州市建筑科学研究院集团股份有限公司提出围绕赋能职工成长，以人才“选育留用”四大方向为项目重点，把“以客户为中心，以奋斗者为本，坚持自我更新”的理念贯彻到整个职工赋能成长中去。建立包含中高层“企业 MBA 培训班”计划、骨干员工“菁英人才”计划、新员工“青柠檬”计划、“博士培养”计划和“基层员工”提升计划的五大人才培养体系，培养了一批技术负责人、中层管理人员及重大项目牵头人。

（二）畅通职业发展渠道

常州市推动企业搭建职业发展立交桥，促进学历与非学历教育衔接互通，完善职业教育学历与职业资格“双证书”制度，建立职业资格与职称、学历比照认定制度；制定相关政策，贯通高技能人才与专业技术人才职业发展通道，鼓励企业在培训、带薪学习、国内外研修等方面，建立高级工、技师、高级技师与助理工程师、工程师、高级工程师享受同等待遇的制度。例如，东方润安集团有限公司实施“纵向发展、横向互能”三通道培养方式，打破工人与干部之间的身份界限以及产业工人职业转换、岗位调整、职位晋升的限制，实行技术、技能、管理晋升“三通道”，把优秀人才特别是技能人才与专业技术型人才、管理人才摆在同等重要位置，职工发展空间越来越宽。

（三）技能竞赛赋能职工成长

质量之魂，在于匠心。职业技能大赛是产业工人展示技能、提升技艺的重要平台。常州市广泛深入开展劳动和技能竞赛，积极构建以市级竞赛为主体，辖市区竞赛为支撑，企业比武创新竞赛为基础的三级竞赛体系，围绕全市十大先进制造业产业集群和八大高成长性产业链，深入开展“建功‘532’奋进新时代”主题劳动和技能竞赛，启动2022—2023年度常州市重点工程创优立功竞赛活动。选树“龙城工匠”、“龙城技能标兵”等先进典型，引领产业工人队伍整体技能提升。例如，江南实业集团有限公司构建“学、练、赛、评、晋”全链条机制，激发产业工人活力和动力，实现学练强信心、赛评提技艺、晋级增待遇。每年组织开展劳动和技能竞赛，搭建有利于优秀产业工人脱颖而出的发展平台。每届参加技能竞赛的员工有100余人次，他们参与叉车、行车、电工、钳工等四个工种的技能角逐，同时打破了以往奖励标准的限制，最高奖励标准由500元提升至1000元。通过竞赛，也进一步增强技能员工的积极性和创造性，激发广大员工学知识、比技能的热情。

（四）创新职工技能评价体系

常州市健全职业技能等级认定政策，完善职业技能多元化评价方式，在高技能人才培养基地、市级行业协会、龙头企业中开展职业技能等级认定试点工作，加快形成以用人单位试点为主，第三方院校评价机构为辅，第三方社会评价机构为补充的职业技能等级认定格局，扩大企业、行业组织和社会组织对从业人员技能评价的自主权。截至2023年底，常州市技能等级认定试点企业数量达252家。例如，2020年7月，常州市新北区职业技能认定单位评估专家组通过查阅制度材料、评估技术资源、考察场地设施等环节，确定常州宝菱重工机械有限公司已具备开展职业技能等级认定工作基本条件，通过了职业技能认定单位评估，获批常州市职业技能等级认定试点企业。常州宝菱重工机械有限公司根据生产经营情况，结合生产操作过程，构建了以职业能力为基础、以业绩贡献为导向、以创新能力和现场解决问题能力为重点的职业技能认定评价体系，发挥技能评价这一识别人才的“指挥棒”和“风向标”作用，为职工获得各类初级、中级和高级证书提供便利，让职工晋升有盼头、成长有渠道、发展有保障。此外，2022 年，常州宝菱重工机械有限公司积极落实新时代技能人才“新八级工”制度（在初级工、中级工、高级工、技师和高级技师五级职业技能等级之下补设“学徒工”，之上增设“特级技师”和“首席技师”），通过评审成为江苏省首批特级技师评聘试点企业，常州宝菱重工机械有限公司机加工中心副主任、全国劳动模范张永洁获评常州市首位特级技师。

四、提高地位待遇保障

2020 年 1 月 21 日，常州市委办公室、市政府办公室印发了《常州市关于提高技术工人待遇的实施意见》，这是全面改善常州市技术工人待遇水平的纲领性文件，有效激发了技术工人的积极性、主动性和创造性，引导更多有志青年走技能报国、技能成才之路。

（一）提高政治待遇

常州市着力完善党建、工建、产改一体推进长效机制，逐步提高高技能领军人才在党代会代表、人大代表、政协委员中的比例；努力推动产业工人新党员占全年发展党员总数的 15% 以上。在常州市最新一届党代会代表中，一线产业工人有 35 人，占 6.9%；人大代表中一线产业工人有 56 人，占 13.79%；政协委员中一线产业工人有 18 人，占 4.5%。优秀产业工人代表邓建军连续四次当选全国党代会代表，李承霞连续两届被选为全国人大代表。常州市总工会全委会委员中劳模、一线职工和基层工会工作者比例占到 40% 左右；常州市工会代表大会代表中，技术工人代表比例占到 20% 左右；技术工人在本企业职工代表大会代表中的比例高于其在本企业职工中的比例。

（二）提升经济待遇

常州市有序推进技能人才薪酬分配指引，每年组织开展薪酬调查信息填报工作，对制造业企业人工成本进行季度监测，把握不同职业群体、不同行业的收入分配差距，为企业建立技能人才薪酬分配制度提供参考数据。制定出台《常州市落实技能人才薪酬分配指引工作方案》，指导企业设置特聘岗位津贴、带徒津贴、技术工人技术等级补贴；发布技术工人人力资源市场价位。对参加职业技能培训并取得国家职业资格证书、职业技能等级证书、专项职业能力证书的人员给予补贴。目前，江苏恒立高压油缸股份有限公司、亚东科技有限公司、常州强力电子新材料股份有限公司等 15 家企业已建立技能人才薪酬分配制度。全面开展“根治欠薪”活动，制定《常州市工程建设领域农民工工资保证金管理细则》，开展根治欠薪冬季专项行动，加大拖欠农民工工资失信联合惩戒力度，定期向社会集中公布重大劳动保障违法行为和拖欠工资严重失信单位（个人）黑名单。

（三）提高社会待遇

常州市大力实施“青春留常”计划，对企业引进的技师和高级技师分别参照全日制本科生、硕士研究生，按照非申即享的方式给予生活资助、租房资助和购房资助，新引进高技能领军人才可申请租住人才公寓，并推行关于外来技术工人子女积分入学的管理办法。常州的技术工人依法缴纳社会保险并申领居住证的均可申请落户，符合规定的技术工人配偶、未婚子女也可以申请落户。截至 2023 年 6 月，累计发放生活资助 28.5 万人次，发放金额 1.3 亿元；租房补贴 5.59 万人次，发放金额 3000 万元；购房补贴 4563 人，发放金额 2.43 亿元。持续推进人才公寓建设，常州市累计建成投用人才公寓 7.8 万套、入住 13.2 万人。

常州实行职业资格证书与学历学位证书贯通，技工院校中级工班、高级工班、技师班（预备技师班）毕业生在参加招聘、确定工资起点标准、职称评定、职位晋升及参加专业技术资格考试时，分别享受中专、大专、本科生待遇。常州市持续开展弘扬“劳模精神、劳动精神、工匠精神”系列活动，认真做好各级五一劳动奖和工人先锋号推荐评选工作，一线产业工人获市级五一劳动奖章比例连续两年高于 35%，召开庆祝“五一”国际劳动节劳模工匠座谈会，开通常州工匠号地铁专列，打造地铁文化宫站劳模工匠精神文化墙，广泛宣传常州市 94 位全国劳动模范口述史。

五、健全维权服务机制

（一）维护职工合法权益

推进产业工人队伍建设改革，必须旗帜鲜明地维护职工合法权益，让产业工人更有获得感、幸福感、安全感。保障产业工人主人翁地位，健全向一线产业工人倾斜的分配制度，推动职工劳动报酬增长和企业劳动生产率提高保持同步，一线职工的工资增幅不低于本企业职工平均工资增幅；健全安全生产和职业健康工作培训，改善劳动条件，确保产业工人的生产安全和生命健康。例如，中天钢铁集团有限公司深入贯彻《安全生产法》、《职业病防治法》等相关安全法律法规，健全安全教育培训机制，固化安全红线意识，强化安全生产“一岗双责”，从严、从实、从细抓好安全措施责任落实，做好“两重点一重大”（重点设备、重点区域、重大危险源）安全监管，建立完善安全生产长效机制，持续有效提升安全生产标准化创建成果。自 2020 年 6 月以来，常州市总工会广泛开展以“消除事故隐患，筑牢安全防线”为主题的安全隐患随手拍、女职工“十个微”活动等七大系列活动，以及“夺取双胜利常工在行动”等劳动保护六大专项行动，推动企业安全生产平稳发展。

（二）完善产业工人困难帮扶体系

发挥工会组织、企业行业、社会组织积极作用，准确掌握困难产业工人生产生活情况，支持企业建立帮扶资金保障机制，坚持尽力而为、量力而行，为困难职工提供就业支持、创业支持、教育帮扶、医疗救助等，切实助力困难职工解困脱困，促进产业工人体面劳动、全面发展。深入实施农民工“求学圆梦”行动、学历和能力提升行动，完善基本公共服务体系，促进农民工融入城市，保障其作为用人单位职工、城镇常住人口的权益。切实把产业工人最关心、最直接、最现实的利益问题解决好，项目化、清单化、责任化推进常州市总工会服务职工办实事项目。2023 年上半年，常州市新提升改造户外劳动者驿站 62 家，户外劳动者意外伤害互助保障活动覆盖 72938 人，为 162646 名企业职工提供工会大病互助保障，参加健康体检职工 34212 人，服务新就业形态劳动者800余人次；举办工会爱心托管班38个，命名常州工会爱心托管班10个，其中6个被评为江苏工会爱心托管班，中天钢铁集团有限公司职工子女夏令营被确定为全国工会爱心托管班。此外，2020年8月，江南实业集团有限公司首期出资500万元，每年注入年净利润的3%成立梅鹤康员工关爱基金，建立长效化、制度化困难救助机制，对困难职工及其家属的就业、教育、医疗实施一体化帮扶。自梅鹤康员工关爱基金成立至今，已帮扶员工170余人。

（三）打造美好工作生活家园

良好的工作生活环境可以提高职工的幸福指数，激发劳动热情和创新创造活力，深度影响企业的经济效益、发展方向和成长空间。常州市通过加强职工文化阵地建设、配备文体娱乐设施、提升住宿餐饮条件、关注职工心理健康、丰富工会活动内容等方式营造舒心的工作环境，对维护职工精神文化权益、促进劳动关系和谐稳定发展、推动社会主义文化大发展大繁荣具有十分重要的意义。例如，中车戚墅堰机车车辆工艺研究所有限公司积极开展职工文体活动，做到年年有主题、月月有活动，让员工感受到家的温暖、群体的力量；打造职工“七彩家园”，将基层工会职工小家建设成为红色传承之家、橙色和谐之家、黄色创新之家、绿色平安之家、青色成长之家、蓝色标准之家、紫色活力之家；举办“家·年华”系列活动，获评江苏省总工会职工思想政治工作创新优秀案例一等奖。同时，企业不断深化“关爱工程”，为员工办理补充医疗保险，出台关于新员工住房补贴政策，成立红娘志愿者服务队，解决职工看病难、购房难、婚恋难的问题。

（四）构建和谐劳动关系

和谐劳动关系能够充分调动产业工人的积极性和创造性，常州市总工会及时梳理和总结产业工人队伍建设改革的成功经验和做法，修订完善企业民主管理、集体协商等方面的制度规定，督促企业依法履行社会责任，健全劳动争议预防、预警、调处机制，构建和谐劳动关系，加大劳动保障监察执法力度，支持工会组织发挥监督作用。积极开展“送法进企”活动，多种形式广泛宣传新修订的《工会法》、《安全生产法》和《女职工劳动保护特别规定》等法律法规，协助企业加强法治建设，引导产业工人知法、懂法、守法、用法。同时，常州市总工会与常州市司法局合作，以锂享小镇为试点组建职工维权法律顾问团，为小微企业职工提供法律咨询及援助服务。此外，常州市总工会还积极配合常州市劳动监察部门，及时宣传贯彻新冠疫情期间涉及劳动关系方面的政策，指导企业依法妥善处理劳动关系，规范企业用工。

第三章

从试点先行到纵深推进

2018年11月18日，江苏省委、省政府印发《新时代江苏产业工人队伍建设改革实施方案》，提出要把产业工人队伍建设作为科教兴省、人才强省、创新驱动发展的重要支撑和基础保障，对进一步提升江苏省产业工人技能素质，造就一支有理想守信念、懂技术会创新、敢担当讲奉献的宏大的产业工人队伍，推动江苏高质量发展走在全国前列具有重要意义。《新时代江苏产业工人队伍建设改革实施方案》紧密结合江苏省实际，提出23条改革举措，重点实施政治建设、赋能成长、维权服务、支撑保障、聚力共建“五大工程”。在此引领下，常州迅速行动，多措并举，于2019年8月建立了新时代常州产业工人队伍建设改革联席会议制度，同年12月出台《常州实施方案》，确保产业工人队伍建设改革落地落实落细。

一、加强顶层设计健全工作机制

产业工人队伍建设改革是一项综合性、全局性的系统工程，涉及经济建设、政治建设、文化建设、社会建设等多个领域。推进这项工作，一定要突出党的领导，加强顶层设计、系统规划和政策统筹，从而推动改革走深走实、措施落地见效。

（一）坚持党的领导

常州市委高度重视产业工人队伍建设改革工作，将其写入党代会报告、市委全委会报告、政府工作报告，纳入常州市委常委会工作要点。常州市和各辖市区均将产改工作纳入深改工作要点、党建工作要点、督查事项和高质量发展考核内容，并将“促进产业工人队伍建设”纳入各级政府与工会联席会议议事内容。2022年，由常州市委督查室牵头，对各辖市区和新时代常州产业工人队伍建设改革联席会议成员单位推进产改情况开展专项督查，并将督查结果纳入各级党委和政府目标考核体系，进一步压实各方工作责任。2023年9月，将继续由常州市委督查室牵头，分组对7个板块、17家成员单位和部分国有企业开展产改督查工作。

（二）出台政策文件

自2019年12月印发《常州实施方案》以来，常州市围绕产业工人队伍建设改革工作出台了一系列政策措施。新时代常州产业工人队伍建设改革联席会议成员单位立足自身职能，围绕产业工人队伍建设改革重点工作，提出切实可行的举措，形成了较为完整的政策体系，为产业工人队伍建设改革提供了有力的制度支撑。

1. 围绕产业工人思想引领。

常州市印发《关于加强和改进新时代常州产业工人队伍思想政治工作的方案》，提出21项具体举措，引导产业工人加强理论武装、坚定理想信念，培育和践行社会主义核心价值观，大力弘扬劳模精神、劳动精神、工匠精神，积极投身“当好主力军、建功明星城”伟大实践，在推动常州高质量发展走在前列、建设“强富美高”新常州进程中，充分发挥新时代常州产业工人主力军作用。

2. 围绕产业工人建功立业。

常州市人力资源和社会保障局连续两年发布

《关于在全市范围内开展紧缺型高技能人才技能提升培训专项行动的通知》、《关于开展2022年度常州市急需紧缺人才技能中级职称考核认定工作的通知》，在全市范围内组织开展技能提升培训和职称考核认定工作；印发《常州市新能源领域高级技师（技师）岗位技能提升研修实施办法》，进一步强化常州市技能领军人才培养和高技能人才队伍建设，加速提升新时代技师、高级技师技能攻关、技艺创新水平，更好地服务“532”发展战略，加快新能源之都建设。

3. 围绕产业工人技能提升。

近些年，常州市先后印发了促进职业教育发展的《关于常州市推进苏锡常都市圈职业教育改革创新打造高质量发展样板的实施方案》、《关于促进职业教育高质量发展的若干政策》及其系列实施细则、《常州市职业学校办学质量评估办法》（试行）、《关于推进中高职结对融合发展的实施意见》，以及涉及技能人才发展培养的《常州市技能人才发展“十四五”规划（2021—2025）》、《常州市技工教育高质量发展三年行动计划（2021—2023年）》、《关于深入推进现代学徒制工作的实施意见》等文件。这些政策文件的出台，对提高产业工人技能水平，促进产业工人成长成才发挥了积极作用。

4. 围绕产业工人待遇保障。

《常州市关于提高技术工人待遇的实施意见》直击技术工人痛点，提出了提高技术工人政治待遇的两个方面5项举措，提高技术工人经济待遇的五个方面14项举措，提高技术工人社会待遇的三个方面9项举措；进一步深化产城融合，积极营造劳动光荣技能伟大的社会风尚，为深入推进“532”发展战略，奋力书写好中国式现代化的常州答卷提供一支规模宏大、素质优良的技术工人队伍。

（三）加强机制建设

产业工人队伍建设改革工作系统性、关联性、持续性强，涉及多个部门。为此，常州市加强机制建设，汇聚工作合力，“一盘棋”推进改革工作落实。

1. 联席会议机制。

为加强对常州产业工人队伍建设改革的组织协调、政策指导和工作推进，及时研究解决改革过程中的重点难点问题，常州市委、市政府联合印发了《关于建立新时代常州产业工人队伍建设改革联席会议制度的通知》，成立了由市委分管常委担任召集人，市政府分管副市长和市总工会主席担任副召集人，市相关单位分管领导为成员的市产改联席会议（如图1所示）。联席会议办公室设在常州市总工会，负责联席会议的组织、协调等日常工作。

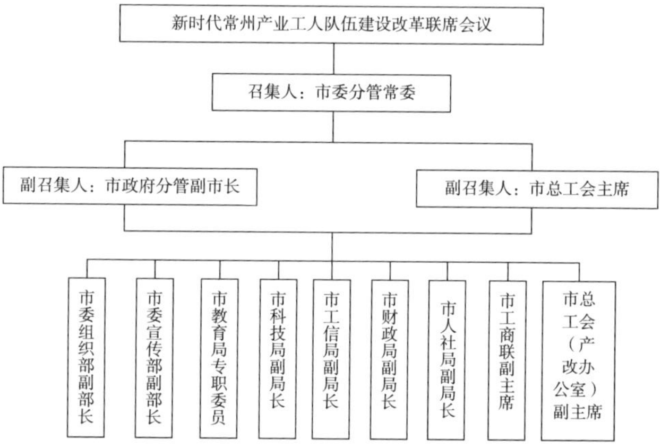

图1　新时代常州产业工人队伍建设改革联席会议构成

2. 工作考核机制。

为充分调动常州市各辖市区推进改革的积极

性、主动性和创造性，把各项任务举措落地落实，根据全国产业工人队伍建设改革协调小组印发的《关于建立推进产业工人队伍建设改革工作情况评价考核机制的意见》和《江苏省推进产业工人队伍建设改革评价考核实施办法》，结合常州实际情况，制定了《常州市推进产业工人队伍建设改革评价考核实施办法》，紧扣产业工人队伍建设改革的目标实现、举措落实、工作组织实施等情况，围绕组织领导、试点推进、思想引领、素质提升、队伍壮大、地位提高、权益维护、社会评价八个方面 96 项具体指标，制定评价考核实施细则。评价考核每年开展一次，采取年度自评和综合评估的方式。其中，综合评估由常州市产改办组织新时代常州产业工人队伍建设改革联席会议成员单位和责任单位有关人员，并积极引进第三方机构参与，对各辖市区推进产业工人队伍建设改革工作情况进行综合评价考核。联席会议各成员单位也可以根据工作需要，制定评价方案报常州市产改办审批后，对某项重点任务进行专项评价考核。对各辖市区评价考核类别，由高到低依次为“好”、“较好”、“一般”。

评价考核结果向同级党委进行通报，并加大对评估优秀的单位评优表彰力度。获得“好”等次的辖市区，在常州市五一劳动奖和工人先锋号推荐名额上予以适当倾斜。同时，鼓励联席会议成员单位和责任单位，加大对获得“好”等次的辖市区相关工作的评优表彰力度。

3. 专项督查机制。

为进一步督促落实年度产业工人队伍建设改革重点工作，常州市委、市政府将产业工人队伍建设改革工作纳入了全市督查检查工作计划。产改督查检查工作在常州市委统一领导下开展，新时代常州产业工人队伍建设改革联席会议从各成员单位抽调人员，成立专项督查组，由联席会议办公室（市总工会）负责组织实施。督查内容包括：各地和各有关单位产改任务落实情况，即组织领导与制度建设、部署推进与方案落实、协同联动与问题解决、创新做法与特色亮点，以及存在的困难和对常州市产改工作的意见建议等。联席会议办公室负责组织实施。督查采取听取工作汇报、查阅文件资料、实地调研考察、随机访谈等方式方法组织实施，对各辖市区和产改工作责任分工方案中涉及任务较多的联席会议成员单位采取实地督查，对产改工作责任分工方案中涉及任务较少的联席会议成员单位采取书面督查。督查情况报告报联席会议召集人、副召集人，并形成专报进行通报；将督查结果及整改落实情况纳入常州市年度综合考核指标体系。

4. 其他机制建设。

建立专题培训机制，根据推进产业工人队伍建设改革协调小组印发的《关于建立健全推进产业工人队伍建设改革专题培训机制的意见》，在常州市坚持政治统领、服务大局，分级负责、精准培训，渠道广泛、规范有序，学以致用、强化运用的原则，开展分级分类专题培训，切实提高各级各类人员的产改工作能力。健全监督检查和信息反馈制度，全面、准确、及时掌握各地各单位产改工作进展情况，推动任务落地落实。建立产改工作季度报送制度，要求新时代常州产业工人队伍建设改革联席会议成员单位、各辖市区产改办负责收集汇总本地本单位产改工作推进情况，形成季度工作总结，主要内容包括：产改工作完成情况、典型经验做法及下一步工作计划等；建立评优表彰制度，组织开展产改工作先进单位、先进个人和“十佳产改、实践案例”评选。对获得“产改工作先进单位”、“产改工作先进个人”的，由常州市总工会纳入常州市五一劳动奖状、常州市五一劳动奖章的表扬名单，同时对“十佳产改实践案例”予以通报表扬，颁发荣誉证书，以此鼓励先进典型，扩大社会效应，树立抓产改重实效的鲜明导向。

（四）明确任务分工

为了更好地推进产业工人队伍建设改革，常州市每年制定年度工作要点、责任分工和重点项目清单，明确新时代常州产业工人队伍建设改革联席会议成员单位、参与单位的工作职责。将产改工作纳入市委督查检查项目、高质量发展考核内容，从而层层传导压力和动力。

2022 年，围绕“扩面提质增效”的目标要求，常州市共确定了 45 项产改任务，明确时间表、路线图，整合运用各方资源，扎实推进、逐一落实。45 项产改任务主要涉及“坚持党的领导，强化思想引领；聚焦素质提升，强化赋能成长；健全保障机制，强化维权服务；注重协同发力，强化系统推进”四大方面。其中，重点任务有：举办“劳模工匠进校园、思政教师进企业”示范性宣讲100场；50家2021年度党建带工建“三创争两提升”市级示范单位，全部纳入产改试点；持续推进苏锡常都市圈职业教育改革创新，推进现代学徒制、“1+X”证书制度等工作，加强技术技能人才培养与培训；2022年新培养技能人才6万人次以上，其中高技能人才1.3万人次，帮助1600名农民工和一线产业工人提升学历等。

2023年，常州市产业工人队伍建设改革工作进一步走深走实，确定了38项产改任务，分四个方面，即“强化理论武装、筑牢思想根基；强化赋能机制、助力建功立业；强化激励导向、做实服务保障；强化系统推进、汇聚产改合力”。每项任务都有目标值，并明确责任单位和工作路径。在理论武装方面，持续打响“劳模工匠进校园、思政教师进企业”活动品牌，建立劳模工匠宣讲团遴选长效机制，全年面向产业工人开展宣讲活动167场。在建功立业方面，围绕“532”发展战略，加大产教融合型试点企业建设培育力度，向产改重点行业、试点企业倾斜，2023年新获批省级产教融合型试点企业26家，对纳入产教融合型企业建设培育范围的试点企业，兴办职业教育的投资符合规定的，按投资额的30%比例抵免其当年应缴教育费附加和地方教育附加。在服务保障方面，推动企业完善高技能人才与专业技术人才职业贯通机制，加强“技师＋工程师”队伍建设，落实新时代技能人才“新八级工”职业技能等级制度，畅通产业工人成长成才通道。继续推行职工技术创新专项集体合同，推动创新成果、技能要素参与收益分配，全年新增签订职工技术创新专项集体合同企业50家以上。在强化系统推进方面，加强产改组织领导，扩大试点规模，巩固试点成效，发挥国有企业带动作用，推动常州市国有企业产改工作全覆盖，将其纳入对国有企业政治巡察内容，纳入对企业党建工作考核、党政领导班子年度考核、高质量发展考核等重要内容，形成长效机制。召开国有企业产改工作推进会和经验交流会，促进国有企业产改走在前列，形成示范效应。

二、突出试点先行引领示范带动

常州市深入贯彻党中央有关产业工人队伍建设改革的决策部署，坚持以试点先行带动全局、以示范引领推进改革。

（一）不断扩大试点覆盖

坚持循序渐进、积极稳妥的原则，有序拓展产业工人队伍建设改革试点范围。2019 年，根据江苏省产改办统一部署，将中车戚墅堰机车车辆工艺研究所有限公司等 7 家企业作为常州市首批省级试点探索探路、试验试水。2020 年，将江苏紫龙药业有限公司等 44 家企业纳入省级、市级试点，积累经验，形成示范。2021 年，将试点层级拓展至辖市区，在常州市选择 126 家试点企业改革示范，试点体系初具雏形。2022 年，将试点层级拓展至镇（街道）、开发区，实现试点在第一、二、三产业全覆盖，常州市累计培育试点企业 768 家，形成省—市—县（市、区）—镇（街道）四级纵向到底的试点体系。同时，推动产改向特色产业园区拓展，在全市范围内选取 13 个特色产业园区试点先行，着力构建点面结合的试点工作格局。2023年，进一步扩大试点覆盖面，全市试点特色产业园区累计达20个、试点企业累计达1020家。

（二）先行先试重点突破

在推进产业工人队伍建设改革过程中，发挥企业的主体作用是关键环节。常州坚持试点先行、培育典型，积极鼓励和引导基层和各类企业首创先试，发挥国有企业带动作用、民营企业主动作用、战略新兴产业示范作用，鼓励“破解机制性障碍、结构性矛盾和政策性问题”，在多个方面进行重点突破，摸索出了一批可复制、可推广的经验，让产改效应形成“繁星满天”、“连点成片”的效果。

1.政治引领。

加强政治引领，筑牢产业工人听党话、跟党走、感党恩的思想根基。试点企业在工作实践中牢牢把握加强和改进新时代思想政治工作的基本原则，切实增强做好职工思想政治引领工作的针对性、有效性，涌现了众多好经验、好做法。例如，科华控股股份有限公司在党建工作中，创新了“四三式”党建工作路径，即“三个优先”、

“三个引导”、“三个同步”和“三个融入”。一是实施“三个优先”：企业发展党建优先、培养党员干部优先、优秀员工发展优先；二是坚持“三个引导”：政治引导跟党走、思想引导觉悟高、工作引导进步快；三是紧密“三个同步”：与中央精神同步、与企业发展同步、与服务员工同步；四是落实“三个融入”：将党建工作融入管理、融入行为、融入脑海。另外，根据企业生产的实际，创新提出“1133”工作方法，即一创一带（每名党员创一个示范岗，每名党员帮带一名员工）、一点一线（一个车间建一个党员责任点，一个工厂建一条先锋生产线）、一心一意（一心向党做政治表率，一意践行科学发展观）、一模一样（树立一批党员模范，建立一个支部样板）、三联三会（总支班子成员联系中高层管理干部，支部委员联系基层管理干部，党员联系员工，一月一次员工沟通会，一季一次民主管理会，一年一次述职述廉会）和三化三爱（组织党建活动常态化，开展党性教育正常化，服务企业发展经常化；引导员工坚定信仰，热爱党；教育员工端正思想，爱祖国；培养员工忠诚敬业，爱科华）。

2. 技能提升。

在新一轮科技革命和产业变革浪潮中，技能已成为一国经济增长的重要引擎，产业工人队伍技能提升与人才红利释放、劳动生产率提高、产业转型升级、综合国力提升息息相关。党的十九大报告明确提出要建设知识型、技能型、创新型劳动者大军；党的十九届五中全会通过《中共中央关于制定国民经济和社会发展第十四个五年规划和二〇三五年远景目标的建议》，进一步要求加快提升劳动者技能素质，这是产业工人自身成长发展的迫切需要，是我国实现高质量发展的内在要求，也是产业工人队伍建设改革的题中之义。例如，江苏江南实业集团有限公司从健全人才体制机制入手，构建“五横三纵”人才生态体系，纵向分为“管理、技术、技能”三类人员；横向设立五个层级，每个层级与管理通道相对应，结合多平台素质提升、多轨制通道晋升和多层次权益保障，统筹推进产业工人的培养、发展和使用。此外，企业还将岗位培训打造成素质提升的“大平台”，鼓励员工通过继续教育、职业技能培训和职业资格证书培训考核评定，不断提高综合素质，免费为员工提供学历提升机会，对取得职业技能等级和职称评定人员给予最高每年 36000 元的补贴奖励。

3. 产教融合。

产教融合是指产业与教育的深度融合，是院校为提高其人才培养质量而与行业企业开展的深层次合作。常州宝菱重工机械有限公司自 2020 年被列为江苏省产改试点单位以后，扎实推进赋能成长工程，着力提升产业工人队伍素质，做实叫响“宝菱工匠”品牌。深化企校合作协同育人，全国劳动模范张永洁、江苏省劳动模范徐剑被江苏理工学院聘为实验班导师，张永洁被评为江苏省高职产业教授。企校共育“双师型”精英队伍，将职业资格标准与企业生产技术、工艺装备和产品特点等要求相结合，共同制定实习标准、考核标准、实训教材、技能试题库和实训指导手册等，实现课程教学与岗位需求的无缝对接。积极开展产学研合作，开设“订单班”，在课程设置上更加突出校企优势互补和产教深度融合，实行校内专任教师和企业指导教师

“双导师”教学模式，有效解决技职院校培养的人才与需求脱节的问题。通过“订单式”合作培养模式，近两年共引进60余名技能人才，有效解决了企业存在的招工难、培养难、留人难等现实问题。

4. 关爱帮扶。

产业工人队伍建设改革是要探索企业发展与职工成长的“双赢”之道。产改试点企业在工会的主抓之下，不断健全完善产业工人关爱帮扶制度，从改善工作环境、提升福利待遇、关注身心健康、给予困难帮扶等方面发力，营造更具友好性的职场环境、更有竞争力的职场待遇、更富人情味的职场关系，拉近职工与企业之间的距离，增强职工的忠诚度和凝聚力。例如，东方润安集团有限公司坚持为职工做实事、办好事、解难事，做职工最坚实、最贴心的靠山，瞄准“急难愁盼”开展扶助，增强职工生活满足感。投入1.05亿元，建设职工公寓楼、食堂、浴室、篮球场等多个项目，总面积达到31500平方米，各种文体服务阵地全面开放，设备设施一应俱全。新入职技术技能人才在本地购房可享受企业给予的每人 50 万元免息借款，其子女每年可参与企业联合专业机构举办的为期 20 天的少儿暑期夏令营。成立集团爱心基金，广泛开展汇集职工的“办实事工程”，为职工办理医疗互助保障，定期开展体检，及时走访慰问困难职工，夏送清凉冬送暖、金秋助学解困境，老弱病残职工有人管、能兜底。

5. **集体协商**。

集体协商是维护职工和用人单位合法权益，构建和发展和谐稳定的劳动关系的重要机制。2021 年新修改的《工会法》明确规定，工会通过平等协商和集体合同制度等，推动健全劳动关系协调机制，维护职工劳动权益，构建和谐劳动关系。江苏省委、省政府印发的《关于提高技术工人待遇的实施意见》明确提出，推行职工技术创新专项集体合同等方式，引导技术工人钻研技术、学习技能，开展技术革新和技术攻关，形成有业绩、有贡献就能有收入、有地位的良性互动。因此，常州强力先端电子材料有限公司积极鼓励员工创新创造，通过深入调研、可行性分析论证、广泛宣传动员和多轮协商讨论，2018 年

7月12日，公司工会主席和总经理分别代表职工和公司正式签署了常州市首批职工技术创新专项集体合同，明确了对员工技术创新的奖励机制，分别设立了“现场型”、“管理型”、“服务型”、“攻关型”、“创新型”五种类型的奖项和奖励方式。其中，员工对现有产品生产工艺或工程改进带来的利润增长，奖励金额为改进后给企业带来增值净利润的5%，计算周期为1年；“创新型”奖项视同研发项目给予奖励，奖励金额和比例从发生利润起计算，连续5年内，分别提取利润的10%、8%、6%、4%和2%。产业工人队伍建设改革以来，常州强力先端电子材料有限公司累计开发创新项目近50项，参与项目人员超200人，发放一线产业工人的奖励分成超100万元，降本增效额超1000万元，充分体现了企业“创新、诚信、关怀、共赢”的经营理念。

6. 薪酬激励。

劳动者的收入状况不仅影响到其对工作的投入程度以及工作能力的提升意愿，也会对社会的稳定发展和经济的增长效率产生重大影响。提高工人待遇，企业是关键。企业既是技术工人成长成才的直接受益者，也是培养、评价、使用和激励技术工人的主体。例如，常州星宇车灯股份有限公司在优化人才选拔的同时，将技能等级与薪酬等级挂钩，收入分配向一线产业工人倾斜，稳步提高产业工人收入；取得技能等级评定和晋升的职工，享受相应等级的技能津贴、岗位补贴，近3年来产业工人薪酬涨幅年均达10%左右，远高于地区平均薪资涨幅。又如，江苏紫龙药业有限公司进行产业工人队伍建设改革以来，有163名职工通过了技术等级通道评定，平均每月涨薪700元，最高每月涨薪达3300元，一线基层职工工资增幅超17%，53名一线职工职位得到了晋升。

企业既是用人主体，也是推进产业工人队伍建设改革的主体。为了更好地指导试点企业开展产改工作，常州市总工会对产改试点企业提出按照“一企一策一方案”的要求，做到有组织领导机构、有产改实施方案、有年度任务清单、有思想引领举措、有技能提升体系、有维权服务制度，形成试点企业推进产业工人队伍建设改革的

“六有”工作法。

三、着力推动产改向纵深延伸

产业工人队伍建设改革落地实施后，常州市各地区、各单位切实提高政治站位，在坚定产业工人理想信念、畅通产业工人流动渠道、扩宽产业工人发展空间、创新技能激励机制、提升产业工人地位待遇等方面持续用力，取得了初步成效，在经济社会发展大局中充分发挥了工人阶级主力军作用。

改革永远在路上，阶段性成效并不能阻碍继续探索前进的步伐。如何进一步深化产业工人队伍建设改革工作，推动产改不断向纵深发展、向基层延伸？如何让面广量大的中小微企业步入产改快车道，让在这些企业工作的产业工人也能实实在在地感受到产改带来的红利与活力？这是产改深入推进必须面对的一道难题。最终，“解题”的突破口聚焦在了特色产业园区。

产业园区是作为区域经济发展、产业调整升级和培育新兴产业的重要载体，在常州，一个开发区内形成多个特色产业园区的“一区多园”、一个镇（街道）区域内布局多个特色产业园区的“一镇多园”的现象极为普遍。特色产业园区作为串联“点”、“线”、“面”的交汇点、聚集点，以其为抓手全面推进产改，具有突出优势：一是特色产业园区企业集中度高、产业工人集中度高，在园区推产改，潜力较大；二是特色产业园区产业主题相对单一，企业面临的问题相似性大、职工需求重叠度高，在园区推产改，撬动性强；三是特色产业园区小微企业多，企业建会、职工入会等党群工作基础相对薄弱，在园区推产改能推动其他工作，带动性广；四是特色产业园区高新企业较多，职工素质较高、思想较活跃，在园区推产改，活跃度高。

常州市结合地方特色产业和优势产业链，从2022年起，推动产业工人队伍建设改革向特色产业园区拓展。截至2023年底，常州市产改试点特色产业园区累计达20个，逐步从“点”的试行走向“面”的破题，着力构建点面结合的产改试点工作新格局。

（一）建成一批指导站

常州的特色产业园区中小微企业众多，就单

个中小微企业来讲，由于规模小、就业人数少，推进产改难度大。试点园区利用园区（乡镇）党群服务中心、职工服务中心、职工之家等场所，成立由工会牵头的产改指导站，指导推进园区产改工作。

1. 健全工作体系。

特色产业园区依托上级镇（街道）、开发区，成立由党委领导、工会牵头，所属相关部门和园区重点企业参与的产改领导机构，落实党建、工建、产改一体推进长效机制，形成工作整体合力。例如，常州新北区将产业工人队伍建设改革作为推动全区发展的重点工作，构建党委政府统一领导、工会牵头抓总、部门协同推进、企业主体积极探索、产业工人主动参与的工作格局。新北区所属镇（街道）、开发区都成立了产业工人队伍建设改革联席会议制度，明确了产改联席会议组成人员；8 个特色产业园区全部成立了产改领导小组，形成了区级产改指导中心，各镇（街道）、开发区、试点园区指导站，各试点企业指导点的“一中心多站点”产改指导服务体系；推动园区企业建立由党组织（行政）负责、工会牵头、部门参与的产改领导小组，将产改工作纳入企业党组织党的建设总体布局，纳入董事会（行政会）会议内容和职工代表大会讨论议题。

2. 制定改革方案。

常州工会深入开展调查研究，紧密结合园区实际和产业特色，制定产改实施方案和年度任务清单，明确责任，挂图作战，扎实推进。实施方案突出组织建设、思政引领、素质提升、权益维护、品牌打造等重点，完善党建、工建、产改一体推进长效机制，确保园区产改工作落实到位。

3. 列出试点清单。

常州按照推动行业发展、适应企业发展的原则，选取数家职工情怀特别深厚的行业龙头企业、标杆企业作为园区产改重点企业，发挥“头雁”作用，培育产改示范点；指导企业围绕产改重点任务，一企一策设定试点项目。例如，常州新北区突出点线面整体推进，聚焦智慧能源、新材料、新能源汽车及汽车核心零部件、新一代信息技术、新医药及医疗器械、高端智能装备制造等产业集群，选取碳纤维及复合材料产业园、汽摩配产业园、生命健康产业园、智能装备制造产业园、工具产业园、聚盟物流园、创意产业园、光伏产业园等八大特色产业园区作为产改试点，涉及企业446家，产业工人2.63万人。

4. 创新推进方法。

常州打造“园区总站 + 特色指导站 + 企业产改指导点”三维矩阵，延伸产改服务“触角”。在便民服务中心设置产改工作咨询窗口，提供精准、便捷的产改服务。以劳模座谈会、道德讲堂等作为有效载体，广泛宣传模范事迹、传承劳模工匠精神。园区通过装修改造和推广运营辖区闲置配套用房，着力从解决引进人才和外来员工的“安居”问题，升级到为人才“优居”提供服务，满足各类社群活动的需求。发挥人才公寓、园区政务服务直通车作用，真正实现零距离服务企业、服务职工。职工活动中心、户外劳动者驿站等职工服务阵地广泛覆盖，吸引更多产业人才近悦远来、青春留园。

（二）撬动一批企业

基层企业既是产业工人队伍建设改革的执行者，也是受益者。推动产改攻坚克难，创特色、走在前，必须发挥好企业的主体作用。

1. 用产改培训来撬动。

学习借鉴省、市总工会与组织部、工商联等部门联合办班的做法，组织企业负责人、党组织书记、基层工会主席等，举办产改培训班，发挥企业产改主体责任，激发企业家支持、参与产改的热情。邀请人力资源和社会保障、工信、司法、教育等部门人员作为产改指导员、联络员、观察员，定期举办用时短、小型化、专题化、开放式、灵活多样的产改实务培训，提高他们亲力亲为抓产改的政策水平和业务能力。

2. 用企业文化来撬动。

优秀的企业文化都融入了深厚的职工情怀，凝聚起企业发展的力量，与产改核心内容一脉相承。因此，要引导中小微企业把产业工人队伍建设改革融入企业文化建设全过程，增强企业家的责任感，强化产业工人的认同感。例如，常州华利达服装集团有限公司创建了以“平凡人党建”为主题的党建文化，把党建工作融入企业管理，引领工会建设，以高质量党建工作助推企业转型升级和高质量发展。再如，常州市建筑科学研究院集团股份有限公司的“榕树文化生态圈”，是具有红色基因传承的企业文化，是因“企”制宜，围绕企业发展战略，助推经营发展的文化建设。

3. 用典型案例来撬动。

常州工会通过评选十佳案例、优秀案例，发布典型案例等方法，引导企业互学互鉴、取长补短。经过长期探索与实践，常州在推进特色产业园区产改方面已经有了一些优秀经验与体系，溧阳高新区锂享小镇“共建、共育、共治”凝聚园区产改合力、武进绿色建筑产业集聚示范区聚焦技能素质提升赋能绿色产业发展、常州生命健康产业园建立梯度产改试点体系等，各有千秋，各具特色，创造园区产改典型示范，形成百花齐放的工作局面。

4. 用自主评价来撬动。

针对中小微企业新工种繁多、行业标准紧缺等问题，常州发挥人力资源和社会保障部门作用，推动行业协会、龙头企业围绕行业所需、企业所盼的新兴工种、关键工序等，自主开展技能评价，建立技能等级与薪酬待遇挂钩机制，给予相应的薪酬待遇和补助津贴，推动实现技高者多得。

5. 用求学圆梦来撬动。

“求学圆梦”行动是党委、政府、工会、高校共同推动的面向农民工成长成才的好政策。一方面，工会要发挥好牵头抓总作用，整合教育、人力资源和社会保障、高校的资源力量，把政策举措宣传到企业。另一方面，引导企业积极发挥用人主体作用，主动承接教育优惠政策，组织动员、创造条件、提供保障，鼓励职工参与到“求学圆梦”行动中来，释放政策红利，让更多产业工人素质得到提升。

（三）探索一批机制

聚焦特色产业园区推进产改的重点任务、具体要求、难点、堵点等开展调查研究，把情况摸透，把问题找准。以问题为导向，探索有效的工作机制，提出务实的工作举措，精准发力、靶向施策。

1. 强化岗位建功机制。

常州工会围绕企业生产经营，组织开展多层级、多工种的夺标竞赛、技能竞赛和班组竞赛，激励产业工人立足岗位，讲效率、保安全、比贡献。发挥劳模工匠、技术标兵的引领作用，紧扣行业特点，组织开展常态化实战化岗位练兵、网上练兵、技术比武等活动，探索构建行业企业“培训、练兵、竞赛、晋级”一体化机制，激励产业工人提升本领，建功立业。通过面对面座谈、“云传技”等活动，发挥劳模（工匠）创新工作室联盟辐射作用和培育功能，使之成为技能人才集聚与人才孵化的有效平台。例如，常州市生命健康产业园以全国劳动模范、江苏大工匠张永洁为引领，建立劳模创新联盟，通过“名师名徒”、“传帮带”、“育匠计划”等举措，为企业新生代人才的成长搭建阶梯。

2. **激发创新活力机制**。

常州工会针对企业生产经营中的重点难点问题，广泛开展具有行业特点的技术攻关、发明创造和“五小”活动，选树、宣传、展示“五小”活动的优秀成果，激发产业工人技能创新热情。探索建立“团室联姻”机制，发挥科技镇长团及高校院所资源优势，协调解决创新发展的现实需求。鼓励企业探索创新项目领衔人负责制，开展“需求张榜”、“揭榜挂帅”等活动，浓厚创新氛围。依据发展需求，推动企业将劳模工匠、技术人才的发明创造纳入企业研发体系，在项目立项、经费安排、人员配备、成果转化收益等方面给予支持激励。

3. 做实校企合作机制。

常州发挥工会作为校企合作联席会议成员单位的作用，围绕思政教育、学历提高、技能提升等方面，提供服务项目，开展培训活动。利用“技能强国－全国产业工人学习社区”，激励产业工人学习技能大师精湛技艺、敬业精业精神。协同行业企业推进新型学徒制，共建共享实训基地，培育打造一批“小而精”、“专而实”的工匠学院，推动高校专家进企业、企业专家进课堂。例如，常州新北区打造全市首个园区“产改大学堂”，由院校与园区、企业产改领导小组对接，结合实际需求提供点对点的专业服务，开展菜单式、个性化、专业化教学，提升园区产业工人的整体综合素质，增强企业的获得感。2023 年 4 月 27 日，新北区总工会与常州工学院签署《常州新北区常州大学堂 2023 年运营合作框架协议》，常州工学院将依托学科专业和师资力量，为新北区八大产改试点特色产业园区内的企业员工提供政策宣讲、产业前景介绍、专业技能和综合素质提升、法律法规解读等方面的培训；通过“产改大学堂”这一平台，进一步促进政企校联动，为服务地方提供智力支持，为企业的高质量发展贡献力量。

4. 创新集体协商机制。

各特色产业园区试点企业坚持在园区（乡镇）党组织领导下，紧紧依靠行政力量，积极发挥行业作用，就行业工资标准、劳动定额、工时工价、奖金福利等进行协商，就创新机制进行协商，就荣誉激励进行协商，激发职工立足岗位创新创优。协商前，通过调研，形成共识；协商中，邀请现场观摩，加强监督；协商后，形成指导行业的规范化工作成果，并在此基础上，指导企业开展“二次协商”，让产业工人队伍建设改革在行业工资集体协商的推动下，给职工带来更多的获得感。

5. 完善建会入会机制。

常州工会坚持党建带工建，发挥党工共建指导员队伍作用，推动组建行业工会、工会联合会等；在落实小微企业工会经费返还政策的同时，加大政策宣传力度，指导推动更多小微企业建会入会；融入园区（乡镇）网格管理，开展和谐园区（乡镇）创建，夯实基础，畅通信息，处置有力，探索新时代园区（乡镇）“枫桥经验”，有效防范化解劳动领域重大风险。

6. 构建直通直达机制。

采取措施，在特色产业园区与各级产改办、产改联席会议成员单位、工会之间构建双向直达机制，汇聚各方合力。常州工会将上级关于产业工人队伍建设改革的文件要求、最新动态，宣传贯彻直抵基层，政策解读直达主体。针对园区产改过程中遇到的重点难点问题，及时召开协调会，全面梳理、认真剖析，不断加强对园区产改工作的宏观指导、政策协调、组织推动，确保试点园区产改全覆盖。从企业车间班组一线岗位的劳模工匠、技术骨干、创新能手，以及工会代表、委员中选拔产改观察员，发挥作用，协助推动政策宣传、问题收集、建议反馈、监督评估等工作开展。探索建立产改联系点制度，选取有代表性的企业设立产改联系点，在改革举措、政策落地、任务推进、工作成效等方面发挥探索性、示范性、引领性作用。

在指导特色产业园区探索产业工人队伍建设改革工作的过程中，常州市总工会逐步形成了一套卓有成效的工作方法，对试点园区提出按照“一园一策一品牌”的要求推进产改，做到“有组织领导机构、有总体实施方案、有年度任务清单、有工作推进机制、有特色主题活动、有考评激励制度”。例如，武进绿色建筑产业集聚示范区是常州20个产改试点特色产业园区之一。园区紧密结合绿色产业特点，通过“五强化五提升”（强化政治建设，提升产业工人思想引领力；强化体制建设，提升产业工人发展成长力；强化创新驱动，提升产业工人创新创造力；强化技能培养，提升产业工人核心竞争力；强化权益维护，提升工会组织服务保障力）形成了绿色产业产改特色品牌。同时，围绕每个产改企业的业务特点，还形成了“一企业一特色，一工会一品牌”的工作格局，实现产业工人队伍素质的逐步提升，为加快建设“一园一区一中心”提供了强大的技能支撑和人才保障。

第四章

“六有”工作法的实施路径

常州的产改工作经过多年的试点推进取得了一定的成绩，但也发现企业在推进产改中的主体作用发挥极不平衡，企业产改取得的成效参差不齐。为了更好地发挥企业推进产改的主体作用，打通产改的“最后一公里”，常州市总工会经过深入调研和认真总结，创造性地提出了“六有”工作法，要求各试点企业在产改推进过程中既要结合自身产业特点和企业特色，又要标准化、规范化推进产改试点工作，做到有组织领导机构、有产改实施方案、有年度任务清单、有思想引领举措、有技能提升体系、有维权服务制度，并对具体内容进行了细化与示范，从而逐步形成“一企一策一特色”的产改试点工作格局。

一、有组织领导机构

产业工人队伍建设改革是一项自上而下的改革，强有力的组织领导是改革成败的关键。当前全球经济正面临深刻变革，供应链、价值链、产业链进入深度调整阶段。面对新形势新挑战，建设一支高素质的产业工人队伍是当下企业面临的重大且非常有意义的课题。企业应从战略和全局的高度，深刻认识推进产改的重要性和紧迫性，充分发挥企业推进改革的主体作用，成立企业党组织（行政）负责、企业相关部门参与的产改领导小组，落实“政治上保证、制度上落实、素质上提高、权益上维护”的总体思路，推动改革走深走实取得显著成效，不断提升广大职工的获得感、幸福感、安全感。例如，江苏江南实业集团成立了以集团总裁为组长，集团党总支书记为副组长，人才发展中心总监、各分公司总经理、总裁办公室主任、集团工会主席为成员的产业工人队伍建设改革领导小组（如图 2 所示），加大企业推进产改的力度。

（一）企业党政领导

企业党组织要充分发挥政治核心、政治引领作用，坚持党建、工建、产改一体推进长效机制，把党的领导体现到改革全过程，加大对产业工人队伍建设改革工作的指导支持力度，与党建工作同谋划、同部署、同推进、同考核。企业经

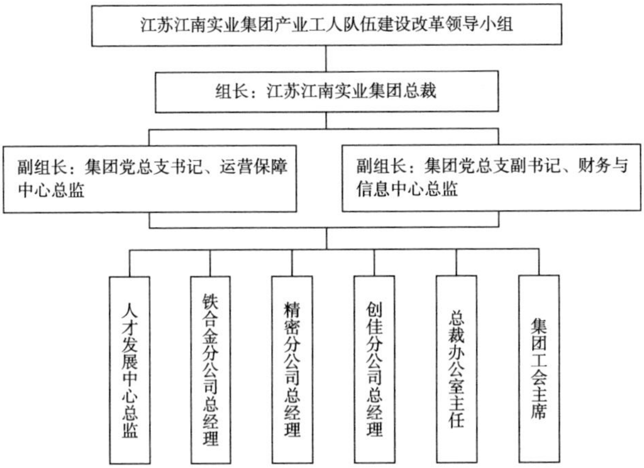

图 2　江苏江南实业集团产业工人队伍建设改革领导小组构成

营者要弘扬企业家精神，主动担负社会责任，营造培养人才、尊重人才、爱护人才的良好环境，体现身在商海心系天下的大情怀，把推进产改作为“一把手”工程，在人财物等方面提供保障支持。企业要高位配置产业工人队伍建设改革领导班子，成立党政负责人为组长，分管行政、工会、人力资源的主要领导为副组长的领导小组，同步建立产改领导小组办公室，形成党政领导、工会牵头、各部门各司其职的工作格局。召开党组织会议、行政负责人专题会议等，科学研判企业发展形势，以目标为导向分析现状找准差距，在此基础上进行产改顶层设计，围绕企业发展战略，以“人才建设”为核心，及时制定改革实施方案。明确把“领导是否重视、经费是否保障、制度是否支持、成效是否明显”作为领导任期评价指标，从组织上保证产改有效推进。

（二）工会牵头抓总

企业工会要在党组织统一领导下，积极发挥牵头抓总作用，加强统筹协调，调动企业各方的资源和力量，做好宏观指导、政策协调、组织推进、督促检查等具体工作，确保各项改革举措取得实效。企业工会干部要端正态度，明确相关部门的职责分工和目标任务，积极构建与相关职能部门的沟通协商机制和齐抓共管格局，对部门任务落实情况进行动态跟踪、协调推进，对基层职工的反映评价进行随访管理，一跟到底，通过接长工作手臂提升服务效能。

（三）部门协同参与

企业推进产业工人队伍建设改革，涉及职能部门较多，单靠工会无法取得实效，需要相关部门的深度参与。要建立推进协调工作机制，制定细化责任清单，统筹推进产业工人队伍建设改革各项工作。各相关部门要打破界限协同参与，步调一致、形成合力，切实提高产业工人队伍建设改革工作整体水平。例如，在强化政治引领、巩固产业工人主人翁地位方面，需要企业党建宣传、组织、人力资源、工会、团委等部门的通力合作；在拓展产业工人职业发展空间方面，需要人力资源、科技管理、运营管理、工会等部门的深入参与；在促进技术工人技能持续提升方面，需要人力资源、生产管理、经营管理、工会等部门的主动作为；在增强技术工人归属感、幸福感方面，需要人力资源、安全环保、职工服务、工会等部门形成合力。

（四）职工主动实践

产业工人队伍建设改革是要造就一支有理想守信念、懂技术会创新、敢担当讲奉献的宏大的产业工人队伍，职工的主动参与、深入实践至关重要。只有广大职工自觉听党话、跟党走，主动提高自身技术技能水平，积极参与各类群众性技术创新活动，才能真正实现产改的最终目标。因此要向职工广泛宣传产改政策，加强对职工的思想政治引领，动员职工主动参与各类群众性经济技术活动，主动融入技术创新活动，为个人成长、企业发展乃至国家富强贡献智慧和力量。

二、有产改实施方案

企业产改与企业高质量发展密切相关，是一项全局性、系统性的工作，一定要加强顶层设计，精心谋划、周密部署。试点企业应立足自身产业特色，面向职工现实需求，结合企业发展规划，围绕思想引领、建功立业、素质提升、权益维护等改革任务，制定中长期的企业产改实施方案，做到有坚强的组织保障、有明确的目标任务、有细化的职责分工、有具体的推进措施。

（一）内容全面

企业产改方案要以习近平新时代中国特色社会主义思想为指导，按照“政治上保证、制度上落实、素质上提高、权益上维护”总体思路，坚持“党的领导、服务大局、以人为本、问题导向、合力推动”基本原则，以实现产业工人“体面劳动、全面发展”为根本目标，针对影响企业产业工人队伍发展中的新问题，创新体制机制、完善成长平台、畅通发展通道、依法保障权益，营造“比学赶帮超”氛围，充分调动产业工人积极性、主动性和创造性，以“产业工人主人翁地位持续巩固、产业工人育才机制更加完善、产业工人综合素质不断提高、产业工人合法权益全面保障”为总体任务，全面制定实施的具体举措，每一项都要有明确的责任部门、有开展的专题活动以及要实现的预期目标，真正把产改要实现的目标任务从“规划图”变成“施工图”。

（二）程序规范

产业工人队伍建设改革涉及职工的切身利益，广大职工既是受益人，更是参与者。整体实施方案的制定不能脱离职工、高高在上，应该做好政策宣传，营造关心支持改革的良好舆论氛围。坚持正确的舆论导向，发挥党政工团各级组织宣传作用，运用各种宣传媒介，全方位、多渠道宣传党中央、国务院关于产业工人队伍建设改革的重大意义、目标任务、重要举措，宣传企业推进产业工人队伍建设改革的工作进展、经验成效和先进典型。企业工会应在广泛征求各个部门和职工群众意见建议的基础上，制定实施方案草案，然后将方案草案提交企业党组织（行政）会议研究，并经企业职工代表大会审议通过，最后以企业党组织（行政）名义正式发文。

（三）保障有力

一是强化人员保障。组建企业产改指导员、联络员和观察员“三员”队伍。产改指导员可以外聘专家或由企业熟悉相关业务的人员担任，负责全面推进企业产改工作，有针对性地开展工作指导；产改联络员由企业具体承担产改工作任务的部门指派专人担任，负责具体产改任务的联络协调，收集汇总具体工作推进情况；产改观察员由企业中政治素养好、组织代表性强，富有责任心的劳模、工匠、车间主任、班组长担任，负责宣传产改政策、收集反馈问题建议、参与产改绩效评估等。“三员”队伍有形但不定型，由企业根据实际情况自行组建。二是加大经费保障，编制企业推进产改工作专项经费预算，鼓励有条件的企业加大在职工培训教育、技能竞赛、团建活动、关心关爱等方面的经费投入。三是加强制度保障。引导企业制定、完善涉及教育、培训、创新、晋升、民主管理等，能够有效提高产业工人主人翁地位，发挥产业工人主力军作用的制度规定，有目的、有计划、分步骤地推进产改实施方案。

三、有年度任务清单

企业要根据产业工人队伍建设改革实施方案，结合年度重点工作、重要任务、重大项目等，拟制年度产改任务清单，建立推进产改工作责任制，逐级压紧压实责任，确保任务有分工、完成有时限、责任到个人。要把产改年度任务完成情况纳入对企业工会及相关部门年度工作考核评价的重点内容，实现所有清单项目可量化、可操作、可考核，推动产改政策举措在企业落地开花，真正打通改革“最后一公里”。

（一）细化工作举措

围绕产业工人思想引领、建功立业、素质提升、地位提高、队伍壮大等重点任务，聚焦产业工人队伍建设改革重点、难点、痛点问题，将产改任务分解成若干个方面 N 条工作举措，明确干什么、谁来干、怎么干、什么时间完成、干到什么程度等问题，形成年度任务清单，推动企业产改工作更加精细化、精准化。例如，中车戚墅堰机车车辆工艺研究所有限公司围绕“政治上保证、制度上落实、素质上提高、权益上维护”四个方面制定了企业年度产改重点任务清单，提出了 24 项工作举措；同时，还结合企业产改方案实施三大工程（政治建设工程，引领技术工人做推动高质量发展的时代先锋；赋能成长工程，加快建设知识型技能型创新型劳动者大军；维权服务工程，构建技术工人共商共建共享的保障机制），确定 14 项重点任务，细化 67 项工作措施，最终分解为 103 个工作目标。每个目标都有完成时间、责任部门和分管领导，保证责任到人、落实到岗、具体到事。

（二）优化制度机制

完善制度机制，督促企业各部门切实履职尽责，保证各项任务按期高质量完成。一是建立信息通报制度，推动各责任部门每季度向产改工作领导小组办公室报告工作推进情况，重要工作根据需要随时报告，促进产改信息交流，形成良好的互动格局。二是建立定期会商制度，针对产改过程中遇到的重点难点问题，及时召开协调会，全面梳理、认真剖析，不断加强产改工作的宏观指导、政策协调和组织推动。三是建立长效宣传机制。运用各种宣传媒介，全方位、多渠道宣传上级党委政府出台的与产改工作相关的政策、制度和文件精神，常态化、实时性宣传企业推进产改的工作进展、经验成效和先进典型，营造企业产改的浓厚氛围。

（三）强化评价考核

根据年度任务清单确定的任务书、时间表，定期对产改任务完成情况进行评估考核，确认是否完成任务清单、实现战略目标。一是制定产改成效评价办法。根据上级产改领导机构对产改工作的要求部署，结合企业产改实施方案和年度任务清单，制定企业产改评价办法，明确企业产改评价的重点指标和考评标准。二是强化产改督导检查。由企业党组织（行政）牵头，针对企业各部门产改工作推进情况进行督导检查，并对检查结果进行分析研判和绩效评估，及时通报检查情况。三是强化考核结果运用。对于落实产改任务较好的部门，在企业评优评先中予以适当倾斜，反之，则及时约谈其部门负责人，或予以适当警诫。通过结果运用、奖优罚劣、激励鞭策，增强企业各部门推进产改的责任意识。

四、有思想引领举措

随着区域经济结构、企业结构、职工结构、社会结构呈现多元化态势，劳动关系日趋复杂，就业形态更加多样，职工思想观念也发生了深刻变化，职工的权利意识、法律意识愈加凸显。我国产业工人的特点和地位决定了产改必须充分发挥党组织的领导核心作用，确立党对产业工人队伍建设的领导地位。以加强党的领导为核心的思想政治建设，维护产业工人队伍稳定，强化产业工人思想引领，团结引导广大产业工人矢志不渝听党话、坚定不移跟党走，是做好产改工作的灵魂和基础。企业产改要把加强和改进产业工人思想政治建设放在突出位置，出台举措强化思想政治引领，凝聚团结奋斗合力。

（一）扎实开展思想政治工作

加强理想信念教育，用习近平新时代中国特色社会主义思想武装产业工人，深入开展“劳模工匠进校园、思政教师进企业”等宣传教育活动，大力弘扬劳模精神、劳动精神、工匠精神，引领团结产业工人坚定不移听党话、跟党走。创新思想政治工作，开展“班前十分钟，车间话奋斗”、“班组喊话”等个性化、多层次的思政活动，把职工思政引领做到企业一线、走进职工心里。落实意识形态工作责任制，有效防范针对产业工人的意识形态渗透活动。加强法治教育，引导产业工人依法理性有序表达利益诉求，坚决维护产业工人队伍团结统一，促进企业和谐发展。

（二）创新职工队伍党建工作

坚持党建工作与生产经营深度融合，常态化开展党员立项技术攻关行动，解决生产经营中的难点问题。发挥好劳模党员的引领作用，成立劳模（工匠）创新工作室党支部、党小组，开展学习培训、导师带徒、技术攻关、创新创优等活动。完善党建、工建、产改一体推进长效机制，开展非公企业党建带工建“三创争两提升”活动，加大在产业工人队伍中发展党员力度，把技术能手、青年专家、优秀工人吸收到党组织中来，提高工人党员比例，推荐一批产业工人党员作为优秀共产党员，不断增强产业工人先进性。

（三）拓宽职工参政议政渠道

积极推荐产业工人中的先进模范人物作为各级党代会代表和委员会委员、人大代表、政协委员、群团组织代表大会代表和委员会委员人选，保证产业工人在党代会、职工代表大会、工会会员代表大会、团代会代表中的一定比例。不断健全以职工代表大会为基本形式的民主管理制度，规范企业职工代表大会实施办法、职工代表大会提案工作管理办法、厂务公开民主管理工作实施细则等基本制度。坚持企业在重大决策上听取职工意见，涉及职工切身利益的工资改革、福利分配等重大问题必须经过职工代表大会审议。坚持和完善职工董事、职工监事制度，鼓励职工代表有序有效参与企业治理。

（四）加大优秀职工选树宣传力度

对业绩突出的技能人才积极向上级申报荣誉，立标杆、树典型，不断扩大高技能人才行业影响力，影响带动其他技能人才快速成长。组织开展优秀职工、"最美工匠"等评比活动，大力宣传产业工人技能成才、技能报国的优秀品质。借助企业内刊、报纸、官微等媒体，开设劳模先进事迹专栏，进行视频直播和节目互动，大力宣传先进事迹，弘扬劳模工匠精神。

五、有技能提升体系

素质是立身之基，技能是立业之本。当今世界，综合国力竞争日趋激烈，全球新一轮科技革命和产业变革正在孕育时期，人才日益成为综合国力竞争的决胜因素。党的二十大报告提出，深入实施人才强国战略，努力培养造就更多大师、战略科学家、一流科技领军人才和创新团队、青年科技人才、卓越工程师、大国工匠、高技能人才。深化人才发展体制机制改革，提升产业工人技术技能水平，是产改工作的重点所在。企业作为用工主体，产业工人高度集中的地方，必须建立起技能人才培养、使用、评价、激励的完备体系，提升产业工人技能素质。

（一）建立技能人才培育机制，提高技能人才能力素质

一是建立核心技能人才培养机制。根据企业

经营发展需要，制定核心技能人才培养规划，注重核心技能人才培养工作。针对申报条件，为核心技能人才设计规范的申报模板，提高申报材料质量。为核心技能人才和青年技术工人举办专题职业发展讲座，邀请知名技能专家讲授个人发展经历、经验，讲授职业发展条件、技巧，答疑解惑。有针对性地储备后备核心技能人才，创建核心人才培养梯队库，形成层次鲜明、规模合理、作用发挥突出的核心技能人才队伍。二是深化“双师型”人才培养机制。畅通技能人才与工程技术人才职业发展通道，制定职业资格、职业技能等级与相应职称比照的参评制度，打破职业技能评价与专业技术职称评审界限，适时开展专业职务资格评审工作。三是健全技术工人成长交流平台。依托劳模（工匠）创新工作室、实训基地、技能竞赛等平台，开展专业技能培训、师带徒、技术人员与技能人才结对子等活动，进行技术交流。畅通技术工人参与技术研发、工艺攻关的交流合作，充分发挥技术工人实践经验作用，输出高质量的技术成果。完善公司班组建设管理制度，定期举办班组长培训班，选派优秀班组长深造培训，举办班组长“大讲堂”，及时交流分享学习成果。四是提升劳动和技能竞赛实效。建立以地方、行业、企业技能竞赛为主体，以企业岗位练兵和技术比武为基础，国内与国际竞赛项目相衔接的劳动和技能竞赛机制，突出“重基层、重全员、重激励、重覆盖、重长效”的原则，营造“比学赶帮超”的竞赛氛围，定期组织职业技能大赛，选拔和培养一批青年技能人才，组成各竞赛工种技能人才队伍，并指派专门的指导老师，进行重点培养和训练，选送参加各级各类竞赛。五是优化技术工人培训体系。依托企业高技能人才培训基地、职业培训机构等内外部培训资源，优化分类分级技术工人培训内容，创新技术工人人才培训机制。组织推荐高技能人才参加各类考察和技能研修培训，开阔技能人才视野，加强跨单位、跨地域、跨行业技术交流。探索建立技术工人积分制自主学习机制，依托移动学习平台、“互联网+”等载体，创新培训形式、满足个性化、多样化学习需求。

（二）建立技能人才使用机制，强化技能人才作用发挥

一是优化技术工人创新工作机制。完善企业技术成果管理规定，开辟技术工人参与科技创新、管理创新项目渠道，把技术工人纳入企业科技研发、管理创新立项范围，在企业科学技术、管理创新、质量攻关等奖项中，设置“技术工人组（序列）”。鼓励技术工人参与企业的重大科技项目，健全技术工人与研发技术团队相融合的技术创新成果认定工作方式。深化企业群众性经济技术创新活动，广泛开展“三个十大”、“五小”等形式多样的群众性创新活动。完善技能创新成果征集、评审、奖励和推广评价体系。探索建立技术工人创新成果按要素参与分配制度，推动技术创新成果转化为企业现实生产力。二是畅通技术工人职业发展通道。搭建技能人才施展才华、发挥才干的平台，使其能力与企业需求相匹配、相协调、相融合，持续发挥、调动技能人才的积极性与创造性。建立适应产业发展需要的复合型技能人才培养机制，结合人员与生产实际，梳理紧缺工种，制定紧缺工种、多能

工培养方案，培养适应业务需要的多工序、多工种复合型技能人才。在资产经营责任制中设置紧缺工种或多能工培养指标，指导单位开展多能工的培养，提高人员利用率和劳动生产率。三是推进劳模（工匠）创新工作室建设。优化工作室运营管理机制，强化各职能部门对工作室的服务支撑作用，加大经费支持和成果激励力度。开展劳模（工匠）创新工作室提升改造，逐步实现打造行业领先的劳模（工匠）创新工作室建设目标，让劳模（工匠）创新工作室成为高技能人才发挥聪明才智的重要平台。四是推动产教融合创新发展。积极参与产教融合，深化校企合作，与高职院校建立长期合作机制，加强人才队伍和硬件设施的资源共享，持续提升企业职业技能实训基地建设水平，支持高技能人才到职业院校兼职授课，参与院校或企业技术工程项目攻关。探索“1+X”证书制度试点和现代学徒制等工作。

（三）建立技能人才评价机制，拓宽技能人才成长通道

一是完善技能人才评价标准。持续完善企业技能人才岗位说明书，从技艺传承、技术攻

关、校企合作、带徒传技、技能培训等方面着手，按照人才梯队结构层次，建立由国家职业技能标准、行业体系规范、专项职业能力考核规范等构成的多层次技能人才标准，作为开展技能人才选拔的依据。二是完善技能人才选拔体系。强调突出品德、能力和业绩评价，同时根据不同层次、类型技能人才的工作特点，综合运用包含理论知识考试、技能操作考核、业绩评审的职业技能等级认定、核心技能人才选拔、职业技能竞赛选拔、企校合作等在内的多种考评方式，提高人才评价的针对性和有效性。三是完善技能人才评价体系。改进评价方式，拓宽评价渠道，建立以岗位职责要求为基础，以品德、能力和业绩为导向的技能人才评价体系。开展关键工序、特殊过程岗位技能员工能力评价，确保技术工人能力水平符合岗位要求。加强企业与地方政府的沟通，落实技能等级提升补贴，确保技术工人享受技能提升待遇及政策红利。四是完善技能等级自主评价。支持符合条件的企业自主确定技能人才评价职业（工种）范围，自主设置岗位等级，自主开发制定岗位规范，自主运用评价方式开展技能人才职业技能等级评价。对于没有形成国家职业技能等级标准的新兴职业（工种），鼓励龙头企业积极探索开发职业技能等级标准和评价规范。推动企业落实新时代技能人才新八级职业技能等级制度，鼓励企业在现有职业技能等级设置的基础上适当增加或调整技能等级。

（四）建立技能人才激励机制，实现技能人才待遇提升

一是完善符合技能人才特点的企业工资分配制度。实行按岗位相对价值确定工资档级、按能力与绩效确定薪酬水平的岗位绩效工资制度，建立以岗位价值为导向、以个人绩效为依据、以能力提升为目标的薪酬分配机制。提高核心技能人才薪酬待遇，提高优秀技能领军人才奖励标准，切实提高高技能领军人才待遇，激发高技能领军人才的工作积极性、创造性。深入研究关键性、稀缺性岗位薪酬激励政策，持续梳理、完善关键岗位、重要工序、特殊过程技能人才培养及激励办法。二是建立企业技能人才工资正常增长机制。通过各项激励机制的制定和完善，实现技能人才待遇正常增长的目标。整合各类薪酬待遇兑现政策，提高核心技能人才激励奖励系数，完善业绩考核标准，在业绩能力考核要求提升的同时，提高核心技能人才薪酬待遇水平，从而更加有效地发挥核心技能人才作用，为生产经营提供强有力的人力保障。三是探索技能人才长效激励机制。鼓励企业制定技能要素和创新成果按贡献参与分配的办法，积极推进集体协商，以技术创新成果入股、岗位分红等激励方式，探索技能人才技术成果转化和红利分享机制，实现技高者多得、多劳者多得、贡献大者多得。

六、有维权服务制度

进入新时代，职工队伍的内部结构、就业形态、技能素质、权益实现等方面发生了新变化，需求层次不断提升，产生了超越传统物质领域的新权益和新需求，不断满足职工群众对美好生活的向往成为新时代工会的奋斗目标。新时代产业工人队伍建设改革提出“政治上保证、制度上落实、素质上提高、权益上维护”的总体思路，其中权益上维护要求不断完善产业工人权益维护服务机制，让产业工人获得感、幸福感、安全感更加充实、更有保障、更可持续。

（一）依法保障产业工人基本权益

一是切实保障职工取得劳动报酬的权利，推动企业严格落实《劳动合同法》，依法规范劳动合同订立、履行、变更、解除、终止等行为。健全向一线产业工人倾斜的分配制度，实现产业工人劳动报酬增长和企业劳动生产率提高保持同步。二是切实保障产业工人休息休假的权利。完善并落实国家关于职工工作时间、全国年节及纪念日假期、带薪年休假等规定，指导企业制定实施科学合理的劳动定额定员标准，保障职工的休息权利。三是切实保障职工获得劳动安全卫生保护的权利。推进落实全员安全生产责任制，开展企业安全诊断治理行动和“安康杯”竞赛等活动，组织开展安全隐患随手拍等群众性安全生产活动，增强产业工人安全意识，持续推进职业病危害专项治理工作，全面提升全员安全意识和安全技能，保障员工生命健康权。四是切实保障职工享受社会保险权利。认真贯彻实施《社会保险法》，按照全员全额全保的要求为职工办理社会保险，并积极探索企业年金等补充保险以及医疗互助等商业保险办法，落实农民工、劳务派遣工新就业形态劳动者的社会保险权益。

（二）加强企业民主管理制度建设

一是完善以职工代表大会为基本形式的企业民主管理制度。丰富职工民主参与形式，畅通职工民主参与渠道，依法保障职工的知情权、参与权、表达权、监督权。认真落实职工代表大会职权，充分发挥职工代表大会在企业发展重大决策和涉及职工切身利益等重大事项上的重要作用。二是推进厂务公开制度化、规范化。进一步提高厂务公开建制率，加强国有企业改制重组过程中的厂务公开，积极稳妥推进非公有制企业厂务公开制度建设。完善公开程序，充实公开内容，创新公开形式，探索和推行经理接待日、劳资恳谈会、总经理信箱等多种形式的公开。三是推行职工董事、职工监事制度。按照《公司法》规定，在公司制企业建立职工董事、职工监事制度。依法规范职工董事、职工监事履职规则。在董事会、监事会研究决定企业重大问题时，职工董事、职工监事应充分发表意见，反映职工合理诉求，维护职工和企业合法权益。

（三）预防化解劳动争议

一是完善企业规章制度。企业应当以制度化、规范化、合法化为原则制定各项规章制度，建立标准化的企业管理体系，做到各个模块环环相扣，各项流程有效衔接。规章制度须经职工代表大会或全体职工讨论通过后，向全体职工进行公示。可以采取发放员工手册、进行内部培训、约定入职声明条款、发布内部公告等多种方式，将职工学习并知晓企业规章制度的相关材料进行留存。二是建立企业劳动争议预防调处机制。坚持预防为主、协商为先的工作方针开展企业劳动争议预防调处机制建设。建立由职工代表和企业代表组成的企业劳动争议调解委员会，培养企业自己的劳动争议调解员、劳动法律监督员、职工诉求联络员，充分发挥协商、调解在企业内部、基层处理劳动争议中的基础性作用。规范用人单位单方解除劳动合同的程序性要求，应当事先将理由通知工会，工会有权要求用人单位纠正违反法律、行政法规规定或者劳动合同约定的行为。用人单位应当研究工会的意见，并将处理结果书面通知工会。三是完善职工群体性事件预防和应急处置机制。采取多种形式进行法治宣传，发挥企业法律顾问功能为员工提供法律咨询服务，有效提升产业工人的业务素养和法治意识，形成“企业关爱职工、职工热爱企业”的良好氛围。建立劳动关系群体性纠纷的经常性排查和动态监测预警制度，及时发现和积极解决劳动关系领域的苗头性、倾向性问题，有效防范群体性事件。完善应急预案，明确分级响应、处置程序和处置措施，健全多方共同参与的群体性事件应急联动处置机制，形成快速反应和处置工作合力，及时妥善处置群体性事件。

（四）加强职工人文关怀

一是培育优秀企业文化。培育富有特色的企业精神和健康向上的企业文化，为职工构建共同的精神家园。注重职工的精神需求和心理健康，及时了解掌握职工思想动态，有针对性地做好思想引导和心理疏导工作，建立心理危机干预预警机制。二是丰富职工文化生活。加强企业文体娱乐设施建设，积极组织职工开展喜闻乐见、丰富多彩的文化体育活动，做强职工文化品牌，突出阵地建设，增设职工活动场地，提档升级“职工之家”，推出更多互动式、体验式的“文化套餐”，丰富职工文化生活。常态化服务职工群众，聚焦平等就业、生育保护、职业发展等问题，不定期组织讲座培训活动。三是提升职工生活品质。逐步优化职工食堂、职工宿舍、办公室、停车场、运动场所等职工工作、生活环境。积极开展职工疗休养、健康体检，困难职工帮扶等活动，打造“服务职工办实事”品牌。在重大节日发放福利或开展慰问活动，注重员工生日、婚丧嫁娶、生病住院、退休离岗等慰问工作，切实增强职工的获得感、幸福感、安全感。

第五章

工作发展的思路与举措

在“六有”工作法的广泛推广和指引下，常州产业工人队伍建设改革取得阶段性成效，但在推进工作的过程中，也需要牢固树立“改革不可能一蹴而就，也不可能一劳永逸”的思维。中国工会十八大报告指出，要“围绕实施制造强国战略，突出新型工业化、新兴产业、数字经济和技术创新，聚焦产业工人思想引领、建功立业、素质提升、地位提高、队伍壮大等重点工作，推动落实终身职业技能培训制度，强化资源协同、政策联动，抓住主要问题实现重点突破，多措并举推动整体提升，努力培养造就更多大国工匠、高技能人才，充分激发产业工人的创造精神和奋进力量，为建设现代化产业体系作贡献。”面对新形势新任务新要求，要以“功成不必在我”的精神境界和“功成必定有我”的历史担当，敢于突破、善于攻坚，稳扎稳打、扎实推进，确保全面实现产改的目标任务。

一、产改推进的难点与重点

（一）工作合力有待加强

产业工人队伍建设改革参与部门多，涉及政策广，协调难度大，在一些地方存在条块割裂、合力不足的现象。具体表现为：一些地方工会、基层工会在推进产改的过程中，协调各职能部门开展工作力度不够、办法不多、措施不力；一些地方、部门对产改的重视程度不够，思想认识不足，对于涉及产改的措施推进缓慢或执行不到位；也有一些地方存在畏难心态，担当意识不强，产改工作推进中遇到阻力便放弃努力，缺乏耐心和韧劲。

（二）主体作用发挥不平衡

国有企业和规上企业一般生产经营状况较好，劳动关系稳定，在职工素质提升、权益维护等方面有较好的基础，因此对产改有更高的参与积极性和更强的社会责任感，主体作用发挥良好。而一些中小微非公企业，尤其是传统低端制造业和“三新”领域企业，对产业工人队伍建设改革工作的目的和意义认识不到位，对推进产业工人队伍建设改革缺乏内生动力，参与积极性不高，落实产改举措的态度较为消极。一些企业往往更看重眼前经济利益，对企业未来的发展和职工技能的提升缺乏长远规划，甚至认为开展职工技能培训不仅会增加用工成本，且职工在技能水平提升后会提高在劳动力市场上的博弈能力，流动性增强，管理难度加大，因此不愿开展职业技能等级培训，也不愿组织职工参加技能竞赛。

（三）认知度与参与度有待提高

一线产业工人是产改的主角，但当前仍有许多产业工人对产改工作不了解，对自身的职业认同感不高，提升技能水平的主观意愿不强烈，大多数人没有明确的职业规划。同时，制造业企业中加工、组装、装配等工艺、工序较为简单的工种占比普遍在70%~90%，这些工种对劳动者的学历和技能水平的要求并不高，目前有相当一部分产业工人的学历高于岗位最低要求，大部分工人认为自己胜任目前的工作，无须参加培训。且制造业产业工人的工资收入与工作时长、工作强度、产品数量等因素相关，而学历和技能提升在薪酬待遇中的占比相对较低，导致部分产业工人不愿意付出时间、精力去提升学历和技能水平。

二、产改推进的关键与举措

（一）加强组织领导，强化统筹协调

推进产业工人队伍建设改革，是巩固党长期执政的阶级基础和群众基础的迫切需要，是实施制造强国战略、推动高质量发展的迫切需要，是满足职工群众对美好生活向往的迫切需要。推进产改要进一步加强党的领导，夯实产改政治责任，构建党委领导、政府支持、工会牵头、部门联动、企业积极参与、职工主动实践的工作格局。

1. 压实各方工作责任。

产改工作是一项系统工程，需要各方面协同推进，必须压实地方党委、各级工会、成员单位、用人单位的工作责任，突出齐抓共管，形成工作落实"一盘棋"。一是党委要加强工作领导。继续把产改工作纳入改革总盘子，分管领导要靠前指挥，既抓统筹、抓协同，又抓具体、抓落实，主动研究解决工作中的重大问题。各级产改联席会议需要加强对改革的统筹协调，定

期“会诊”重点难点问题，确保产改工作有力有序有效推进。二是各级工会要抓好组织实施。要在强化牵头意识、发挥牵头作用、履行牵头职责、加大牵头力度上下功夫，认真履行产业工人队伍建设改革联席会议办公室职责，做好产改工作的组织推进，及时总结推广“点”上的经验做法，加大对改革“面”上的宣传力度，推动各项任务落地见效。在实际工作中，产业工人既是工会服务对象，很多也是共青团、妇联等群团组织的服务对象，要加强群团组织之间的沟通协调，通过信息互通、工作互动、优势互补，努力实现“1+1>2”的综合效应。三是联席会议成员单位应该密切协作配合。做到细化落实责任，坚持工程化实施、项目化推进。加强对相关试点单位的具体指导，经常深入生产一线调研，多渠道征求各方面意见，切实把情况吃透、把思路厘清、把方法用准。四是用人单位要发挥主体作用。企业既是用人主体，也是推进产改的主体，试点企业应该认真研究制定年度产改任务清单，建立推动落实机制，推动企业转型升级与员工素质提升相结合、企业社会责任与员工成长进步相融合、企业发展战略与员工理想追求相契合，确保圆满完成试点任务。

2. 加强体制机制建设。

坚持探索研究，开拓创新，着力构建更加完善的体制机制，推进产改工作走深走实。一是探索产改法治保障。为了更好地明确产改各方的职责任务，保障产改举措的推进落实，常州正探索将实践中具有较强执行力和普遍适用性的改革措施和制度机制上升为地方性法规，研究出台《常州市产业工人队伍建设改革促进条例》。通过地方性法规的形式，明确产业工人队伍建设改革的指导思想、基本原则、目标任务以及改革举措、工作保障等，从根本上解决改革中面临的突出问题，为深化产业工人队伍建设改革提供法治保障。二是建立多方联动机制。产业工人队伍建设改革联席会议成员单位积极协调、密切联动，有序推进产改各项工作举措落地落实。联合国资委，通过召开产改专题联席会、访谈会、推进会，推动国有企业产改工作扩面提质；联合人力资源和社会保障部门，积极开展行业技能等级自主认定工作，完善技能评价制度，指导企业建立和完善技能人才管理办法等配套激励机制；联合发改委，指导试点企业积极申报“产教融合型试点企业”，实现产业链、创新链、教育链深度融合；帮助企业对接教育局及相关院校，成立校企合作培训学校，推动试点企业与院校签订产教融合发展协议，加大对职工的教育培训力度，加快培养适应企业高质量发展的急需人才。

3. **加强产改调查研究**。

推动产业工人队伍建设改革联席会议成员单位在调研过程中，将产改工作与部门职能同研究、同宣传、同发动、同实施。结合调研情况，阶段性组织盘点评估，针对改革中遇到的突出问题和工作中的薄弱环节，积极做好政策衔接、政策配套和政策创新，在工作推进中将更多的资源优势和政策举措向产改试点企业倾斜，为各类企业提供创新创效的政策支持。按照所属企业类别、行业特性、业务范围、职工需求等各自特点，指导企业制定出台改革方案，积极探索“六有”工作法要求下企业政治建设、赋能成长、维权服务三大工程的实践路径，全面推进产改举措落地落实。在推进产教融合、发布行业工资指导价位、拓宽职工发展通道等方面加强调查研究，切实增强产改工作的针对性、实效性。注重创新探索，直面制约新时代产改的难点和问题，加强交流互动、学习互鉴，推动试点企业向示范企业提档升级，确保产改工作横向覆盖、纵向延伸。

4. 加大产改督查考核。

强化联席会议工作机制，把深化产改与推进常州“532”发展战略和新能源之都建设结合起来，加强统筹谋划、协同推进、信息共享、督查督办、考核评估，将产改督查考核结果纳入各级党委和政府目标考核体系，纳入对产业工人队伍建设改革联席会议成员单位的绩效考评体系，压实产改责任，强化工作合力。要细化产改项目清单、责任清单，通过周安排、月调度、季抽查、半年检查、年终评比，确保产改工作思想认识到位、责任落实到位。

（二）加强资源整合，发挥主体作用

企业是推进产改的主体。一方面，产业工人的成长离不开企业的悉心培养。在产业工人三四十年漫长的职业生涯里，企业不仅是其安身立命、养家糊口的物质来源，更是其休戚与共的

利益共同体、事业共同体、命运共同体，是承载其光荣与梦想的最重要舞台。企业在产业工人培养中的地位与作用是其他任何组织都无法取代的。另一方面，企业的发展壮大也离不开产业工人的智慧创造。企业竞争归根结底是人才的竞争，具有国际视野的企业家、极具创新能力的科研人才、高水平的经营管理人才和技艺精湛的高技能人才都是企业的核心竞争力。高技能人才在推动企业的转型升级中发挥着不可替代的作用，新的设施设备、新的生产工艺、新的操作技能、新的维保技术更多依赖于劳动者技能素质的提升，高技能人才的广泛参与是企业转型升级的关键环节。因此，企业既是产改的责任人，也是产改的受益人。企业作为以营利为目的的社会经济组织，追求的是经营利润最大化，要充分发挥企业在推进产业工人队伍建设改革中的主体作用，必须将相关政策资源与企业产改工作成效相挂钩，最大限度地获取企业负责人的支持。

1. 建立激励引导机制。

进一步完善表彰奖励、税费优惠等激励政策，真正让企业顺畅而深度地参与产教融合、校企合作、普遍建立技能人才培养机制等重要工作。要把产改执行情况和成效纳入企业税收贷款、人才引进、工商年检、先进表彰的考核体系，从制度设计上调动企业开展职工技能培训的积极性。围绕“六有”工作法制定试点企业考核细则，开展自评、他评和第三方评估，组织优秀产改实践案例评选，对成绩突出的企业和企业负责人，给予一定的表彰、奖励，形成良好的示范效应；对企业或企业负责人开展先进典型选树、实施宣传推广，或推荐为各级“两代表一委员”时，将企业落实主体责任、推进产改的情况作为考察内容；对企业申报各级党政机关、国有企事业单位、社会组织等经办的支持项目和经费补助时，将企业产改的成效作为审查依据，提高企业负责人推进产改的积极性、主动性。在培养载体上，通过命名培养基地、劳模（工匠）创新工作室等方式，激发企业对高端技能人才自主培养的热情。在劳动合同签订和集体协商过程中，保证职工教育培训经费的按时足额提取，并切实用于产业工人的技能提升培训。

2. **建立需求反馈机制**。

及时认真梳理企业在推进产改中遇到的问题，特别是政策不完善及操作性不强等问题，建立政策需求清单制度，积极向产业工人队伍建设改革联席会议成员单位进行反馈，做到条条均有回应、件件均有落实，推动产改政策制定更加精准，试点工作开展更有成效。着力构建“政策举措直达基层、问题需求直通部门”的“双向直达”机制，通过产改指导员、联络员、观察员“三员”队伍，开通线上线下“产改直通车”，产改工作督查督导等方式，将各项政策送到企业、送到一线、送到产业工人身边。

3. **发挥国有企业示范引领作用**。

将产改工作纳入国有企业改革深化提升行动方案、纳入党建工作要点、纳入党委书记履职清单、纳入党委政治巡察事项和高质量发展考核重要内容，构建齐抓共推的良好工作格局。有效利用产业链头部企业和供应链核心企业的辐射效应，开展国有企业、产业链企业、供应链企业“1+N”产改共建，将产改成效纳入优秀供应商考核体系，带动非公企业，特别是中小微企业在推进产改的过程中，将产业工人思想引领、技能提升、维权服务等具体举措，转化为促进职工赋能成长、建功立业的强大动力，转变成推动企业发展、产业壮大的竞争优势。

4. 发挥非公企业机制灵活优势。

非公企业是经济增长的“主力军”、科技创新的“主动力”、吸纳就业的“主渠道”，绝大多数产业工人集聚于此。相对于国有企业，非公企业体制机制更为灵活，没有太多的历史包袱，没有过重的人力负担，业务经营、人员管理比较灵活，对创新的敏感度强、接受度高、支持度大。要积极动员民营企业家参与产改工作，为改革的创新做法“站台”，对员工的创新成果“褒奖”，营造浓厚的改革氛围。倡导非公企业把产改工作与企业生产经营、企业文化建设、企业管理机制相结合，不断提升企业竞争力。鼓励非公企业在党建引领、职工技术创新、职业技能评定、技术职称评审、股权激励等方面开展探索，激励员工增强自我提升、自主创新意识，使非公企业成为创新的策源地、高端人才的集聚地。

（三）加强宣传引导，突出提素建功

推进产业工人队伍建设改革，就是要最大限度地激发产业工人的劳动热情和创造潜能，以产业工人群体的生气勃勃带动全社会的活力涌流，营造劳动光荣、技能宝贵、创造伟大的社会风尚。要突出政策引导，在产业工人群体中广泛宣传产改的政策文件，开展产改知识培训讲座、举办产改知识竞赛，强化思想认识、提高重视程度，激发改革热情、凝聚改革力量。要注重效果跟踪，解决产改“上热中温下冷”的问题，使产改试点真正结出依靠主力军、建设主力军、发展主力军的丰硕成果。要营造良好氛围，加强对实施举措、改革进展和试点经验的宣传，营造社会各界关心支持产改、企业职工广泛积极参与的良好氛围。

1. 坚持舆论引导、表彰激励“同步跟进”。

一是弘扬“三种精神”。大力弘扬劳模精神、劳动精神、工匠精神，通过评选树立有影响力的先进典型，集中展现新时代产业工人的价值追求和奋斗风采，引导全社会向先进学习、向先进看齐。完善劳模工匠的评选机制和程序，树立顺应

时势、合乎潮流的劳模工匠评选标准，不仅要在传统行业，而且要在新兴产业领域培育一批先进模范人物，与时俱进优化劳模结构。广泛深入持久开展主题劳动和技能竞赛，鼓励技术发明、技术革新，为涌现更多的劳模工匠搭建舞台。推动企业为劳模工匠量身定做以劳模工匠名字命名的“创新工作室”，为充分发挥劳模工匠的骨干带头作用和示范引领作用创造条件，要积极鼓励支持劳模工匠参与“助企行”专项行动，使其成为促进社会经济发展的助推器。二是讲好“三工”故事。营造健康的劳动文化氛围是大众媒体的社会责任和使命，主流媒体要在重要版面、黄金时段和优秀栏目中加大工厂、工人、工会的宣传力度，巩固发展积极向上的主流思想舆论。在宣传方式上，既要注重模范人物的自身努力，也要注重国家制度、企业培养的措施。宣传文化部门在政策制定、资金划拨、评审评优等方面更多地向反映当代工人阶级风采、讲述职工故事的作品倾斜，鼓励文艺工作者创作出更多宣传劳动者、展现新时代工人阶级风采的优秀作品。通过融媒体，充分展现各行各业的“凡人英雄”立足本职岗位，积极履职尽责的先进事迹，用大家最熟悉的平凡个体和最具体的鲜活案例，让青年人看到自己可触可及的学习榜样，激发他们奋斗创新的信心和动力。

2. 坚持待遇提升、发展畅通“同步加强”。

一是改进和完善企业薪酬分配制度，鼓励企业建立健全技能挂钩薪酬收入制度，在收入结构中设置技能等级单元，根据技能紧缺程度、提级难易程度计算相应的工资系数，强化技能价值激励导向，逐步提高关键技术岗位的薪酬吸引力，切实提高技能人才工资收入，实现技高者多得、多劳者多得、贡献大者多得。建立落实产业工人工资分配、工资增长、长效激励机制，让广大产业工人尤其是高技能人才的付出与回报相匹配。二是拓宽职工职业发展通道，打通企业技能、技术、管理三个序列的晋升通道，强化一线工人、技术工人和管理人员“同等评价、同等待遇”，消除身份“偏见”、学历“歧视”，使产业工人通过技能提升也能走上技术岗位、管理岗位，打破成长晋升的“天花板”、“断头路”，架起多元发展的“立交桥”，让产业工人有向上发展的通道和动力。三是推动企业开展"金蓝领"、"企业工匠"评选工作，把有高超技能水平、突出业绩贡献的产业工人选出来、树起来，加强劳模（工匠）创新工作室等平台建设，有效发挥工作室在弘扬精神、技术攻关、技能传承、人才培养、创新创造等方面的重要作用。搭建"竞技舞台、展示平台"，把举办竞赛与选树工匠、培树劳模结合起来，推动更多优秀产业工人在百舸争流中脱颖而出，在全社会形成"三百六十行、行行出状元"的生动局面。

3. 坚持教育培养、技能评价"同步深化"。

一是更加注重产教融合，既面向市场优化职业教育布局，又围绕"工学结合"、"校企合作"，鼓励高职院校、科研机构、骨干企业共建培训载体，使职业教育更加契合职工成长需要、贴合产业发展需求，实现产业标准进课堂，技能大师当导师。加快建立一批适应企业发展和产业工人需求的"工匠学院"和"职工学堂"。二是更加注重量质并举，既通过打造"工匠学院"、"职工学堂"、深化"求学圆梦"专项行动等，培育技能型工人、夯实"塔基"，培育创新型工匠、筑牢“塔身”，又大力实施“英才名匠”、“青苗”育人和“匠人匠心”计划，培育领军型名匠、大国工匠，做高“塔尖”。三是更加注重评价导向，既做好评价体系的修订完善，又着力扩大用人单位和社会组织对技能评价的自主权，确保评出的技能人才市场真认可、企业真需要。四是更加注重数字赋能，积极搭建数字产改阵地，构建网上联系服务产业工人的数字化体系。依托“技能强国－全国产业工人学习社区”、“常州智慧工会”等平台，打造职工职业技能培训网上“工匠学院”，将工匠学院师资、课程、学员、管理等线下培训资源信息化、数字化，推动产业工人利用碎片时间开展在线学习，有效避免因职工脱产学习对个人收入和企业生产带来的一系列问题。

4. 坚持权益维护、环境营造“同步推进”。

随着社会主要矛盾的转化，产业工人更加期待多元化的福利保障、人性化的工作环境，更加关注成功的机会、成长的平台，更加渴望社会的尊重、各界的认可。要坚持以人民为中心的发展思想，密切关注广大产业工人的“急难愁盼”，持续推动新时代产业工人利益诉求有效解决。在幼有所育、学有所教、劳有所得、病有所医、老有所养、住有所居、弱有所扶上给予更多关怀，让产业工人生活得更加安心。一是保障产业工人劳动权益，深度挖潜增加就业岗位数量，千方百计稳定就业，保障劳动报酬及时足额支付，依法缴纳社会保险。二是重视产业工人安全健康，牢固树立“生命至上、安全第一”理念，扎实开展安全生产专项整治行动，指导企业落实主体责任，推动企业安全生产、产业安全发展。三是加强产业工人人文关怀，注重关心关爱困难职工，加大对伤残重病职工、贫困农民工等帮扶力度，关注职工心理健康，开展丰富多彩的工会活动。四是组织产业工人民主参与，健全以职工代表大会为基本形式的企事业单位民主管理制度体系，探索非公有制企业民主管理制度机制建设，强化职工代表素质提升工程，推进厂务公开制度化、规范化，完善职工董事、职工监事制度，提高企事业单位民主管理工作覆盖面和实效性。以《江苏省集体协商条例》正式施行为契机，加强学习宣传贯彻，推动企业开展职工技术创新、能级工资集体协商，努力形成职工与企业共建共享、互利共赢的和谐劳动关系。五是关注产业工人职业发展，通过搭建核心技能培训平台、职业风采展示平台、优秀人才激励平台等，选树、培养、关注和宣传产业工人中涌现的技术尖子、创新能手，使劳模光荣、技能崇高、工匠宝贵成为时代强音。

后　记

《“六有”工作法：企业产业工人队伍建设改革的标准化战略》是“中国工会创新工作法”丛书之一。

本书主要聚焦常州市总工会通过实施“六有”工作法推动企业产业工人队伍建设改革的典型经验，为各地工会提供参考。在本书写作过程中，写作团队参考了江苏省各地市相关工作资料，特此表示感谢。参加本书编写的主要人员有：方国强、张小军、宣建强、刘瑛、何理华、朱赤，刘瑛对本书进行了统稿修改，方国强、张小军负责了本书的审定工作。

由于编者水平有限，本书难免存在不足和疏漏之处，诚恳欢迎广大读者批评指正。

图书在版编目（CIP）数据

“六有”工作法：企业产业工人队伍建设改革的标准化战略 / 常州市总工会编著. —北京：中国工人出版社，2023.10
ISBN 978-7-5008-8262-6

Ⅰ. ①六… Ⅱ. ①常… Ⅲ. ①工会工作—研究—常州
Ⅳ. ①D412.853.3

中国国家版本馆CIP数据核字（2023）第174118号

“六有”工作法：企业产业工人队伍建设改革的标准化战略

出 版 人	董 宽
责任编辑	王晨轩 罗荣波
责任校对	张 彦
责任印制	栾征宇
出版发行	中国工人出版社
地　　址	北京市东城区鼓楼外大街45号 邮编：100120
网　　址	http://www.wp-china.com
电　　话	（010）62005043（总编室） （010）62005039（印制管理中心） （010）62382916（工会与劳动关系分社）
发行热线	（010）82029051 62383056
经　　销	各地书店
印　　刷	北京中科印刷有限公司
开　　本	787毫米×1092毫米 1/32
印　　张	4.5
字　　数	60千字
版　　次	2024年3月第1版 2024年11月第2次印刷
定　　价	38.00元